Römerstraßen und Kultplätze

Archäologische Wanderungen

Süddeutsche Zeitung Edition

Impressum
„Römerstraßen und Kultplätze –
Archäologische Wanderungen"

© Süddeutsche Zeitung GmbH, München
für die Süddeutsche Zeitung Edition 2006
Reihe „Bayern erleben"

Texte: Martin Bernstein
Bilder: Daniela Wilhelm-Bernstein
Art Director: Eberhard Wolf
Grafik und Satz: Julia Wolf
Redaktion: Thomas Hummel
Karten: Vorlagen aus Google-Earth-Ansichten,
Grafik: Daniel Braun; JournalMedia GmbH
Produktmanager: Gabriella Hoffmann, Sabine Sternagel
Repro: JournalMedia GmbH, München
Herstellung: H. Weixler, H. Schiffers
Druck und Bindearbeiten: Kösel, 87452 Altusried-Krugzell
Printed in Germany

ISBN 10: 3-86615-355-4
ISBN 13: 978-3-86615-355-4

Römerstraßen und Kultplätze

Archäologische Wanderungen

Süddeutsche Zeitung Edition

Inhalt

Inhalt

Ingolstadt

A 9

A 93

A 92

Augsburg

A 8

München

A 94

A 99

8

11

7 15

Starnberg

16

2

6

12

13

5

14

A 95

3

4

50 km

Legende

▬▬▬	Wanderroute	⚫⚫ Ausgrabung	
▪▪▪▪▪	Alternativroute	# Felszeichnung	
➤	Richtung	★ Wallanlage	
⬤	Startpunkt	◗ Höhle	
Ⓗ	Haltestelle	◼ Viereckschanze	
Ⓢ	S-Bahnhof	⬛ Grabhügel	
Ⓟ	Parkplatz	🎎 Monument	
≋	Schiffslinie	🏛 Museum	
▲	Berggipfel	🏠 Jagdhütte	
⛪	Kirche	🏰 Schloss	

shut

9

A8

Vor 25 000 Jahren: Die Weinberghöhlen bei Mauern

Lebensraum und Kultplatz altsteinzeitlicher Jäger

Mauern ist ein kleines Dorf nördlich der Donau im Landkreis Neuburg-Schrobenhausen. Die berühmteste Mauernerin ist etwa 25 000 Jahre alt – ein Kalksteinfigürchen aus der Altsteinzeit, gefunden in den Weinberghöhlen oberhalb des Ortes. Ein Spaziergang zur Fundstätte führt uns zurück in die Zeit, als die ersten modernen Menschen begannen, den Raum des heutigen Oberbayern zu besiedeln.

Obwohl die Sonne hoch am Himmel steht, will es nicht richtig warm werden. Doch die Menschen, die an diesem Tag zur Höhle mit dem nach Sonnenaufgang gewandten Eingang pilgern, spüren die Kälte nicht. Sie kennen kein anderes Klima und tragen dicke, mit Knochennadeln und Darmsaiten fest vernähte Fellkleider. Dass ihre Vorfahren vor langer Zeit aus einem warmen Land weit im Süden gekommen sind, wissen die Menschen, die am Norduufer des großen Flusses wohnen, nicht mehr. Der

Die Weinberghöhlen bei Mauern

Schamane hat sie heute zu sich gerufen: Es geht um die Zukunft der Sippe. Schon seit vielen Monden ist es den Jägern des Stammes nämlich nicht mehr gelungen, eines dieser riesigen Rüsseltiere mit den gekrümmten Stoßzähnen aufzuspüren und zu erlegen, mit dem sich der Fleisch-, Knochen- und Fellbedarf der Sippe für lange Zeit decken lässt. Die Jäger jagen, aber die Erde bringt keine Mammuts mehr hervor – das Gleichgewicht ist gestört. Männliches und weibliches Prinzip entsprechen einander nicht mehr ... Ein Raunen geht durch die Reihen, als der Schamane im Höhleneingang erscheint. Dorthin, in den Leib der Erde, hat er sich vor Tagen zurückgezogen, um zu opfern und zu erfahren, was zu tun ist. Jetzt steht er vor ihnen, schmutzig, ausgezehrt, mit verfilztem Haar. In seiner Hand hält er ein ... eine ... Die Jäger drängen näher, um genauer zu sehen. Eine Figur ist es, aus Stein, bemalt mit der heiligen roten Farbe, von der auch der Schamane bedeckt ist. Einer der Jäger glaubt, in dem behauenen, kaum daumenlangen Stein ein Abbild eines männlichen Geschlechtsteils zu erkennen. Oder soll es doch, wie sein Nebenmann glaubt, eine sitzende Frau darstellen? Mit einer herrischen Geste gebietet der Schamane Schweigen. Jetzt, denken sie, jetzt wird er sprechen und alles erklären. Doch der Schamane bleibt stumm, deutet nur auf einen Mann, dann auf eine Frau, dann auf die Figur. Jetzt erst, im Moment des Entsetzens, verstehen die Jäger: Der Schamane wird nie wieder zu ihnen sprechen. Seine Stimme ist es, die die ewig schweigende Erdmutter als Opfer gefordert hat. Erst danach hat sie ihm die Kraft und Weisheit gegeben, männliches und weibliches Prinzip für alle Zeiten in dieser Statuette wieder zu vereinen. Der Schamane steckt die Figur in den Lehm am Höhleneingang, bestreut sie und ihre Umgebung mit dem heiligen Rot. Dieser Bereich soll künftig dem Diesseits entzogen sein – sichtbar für alle und doch Teil der anderen Welt. Wenn niemand dieses Gleichgewicht stört, dann – das begreifen die Jäger, auch ohne Erklärung des Schamanen – dann werden auch die Mammuts wiederkehren, dann wird auch ihre Sippe eine Zukunft haben.

Noch lange, nachdem alle anderen gegangen sind, sitzt einer der Jäger auf einem Stein vor der Höhle. Er denkt nach: Der Vater des Vaters seines Vaters hat ihm, als er noch ein Kind war, von dem großen Zauber erzählt, mit dem ein Schamane vor vielen Jahren den Stamm schon einmal gerettet hatte: Die Knochen eines jungen Mammuts seien damals mit dem heiligen Rot bemalt worden – und kurz darauf seien die Herden tatsächlich wiedergekommen. Der Jäger blickt nach Süden, dort, wo am Horizont die mächtige Eisbarriere in der Sonne glitzert. Dort ist noch nie jemand aus seinem Stamm gewesen, so weit jenseits des großen Flusses. Einmal ist er dem Fluss in Richtung des Sonnen-

aufgangs gefolgt, viele Tage lang ... Aber was ist das? Eine Staubwolke? Dort unten, sie kommt näher ... Und dann hört der Jäger das Dröhnen Hunderter massiger Beine auf dem trockenen Boden, erkennt Stoßzähne, Rüssel, die riesigen, fellbedeckten Körper der Mammuts.

Im Anfang war das Eis. Vor 20 000 Jahren hätte eine Fahrt nach Süden schon kurz hinter der Münchner Stadtgrenze vor einer riesigen Eisbarriere geendet. Von München konnte damals freilich noch keine Rede sein, von keiner Stadt, keinem Dorf, keinem Gehöft. Die wenigen Menschen, die in der ihnen wohl endlos erscheinenden Tundra lebten, bauten sich Zelte und einfache Hütten zum Schutz vor Wind und Wetter. Manchmal, seltener als landläufig vermutet, suchten sie auch Höhlen auf, wohnten dort aber zumeist im Bereich der Höhleneingänge.

Eine solche altsteinzeitliche Station sind die „Weinberghöhlen" oberhalb des Dorfs Mauern bei Neuburg an der Donau. Bereits 1937 war dort eine Grabung veranstaltet worden – mit so zweifelhaftem Ertrag, dass heutige Forscher mit der Deutung der alten Fundberichte ihre liebe Not haben. So ist noch nicht einmal abschließend geklärt, ob es sich bei den Mammutknochen aus den Weinberghöhlen um eine „kultische Bestattung" der Jagdbeute oder schlicht um die Überreste einer reichhaltigen Mahlzeit handelt.

Gegraben wurde in den Weinberghöhlen auch in den ersten Nachkriegsjahren. Dabei gelang den Wissenschaftlern ein aufsehenerregender Fund: die 7,2 Zentimeter große Statuette einer Frau, die – aus anderem Blickwinkel betrachtet – aber auch an ein männliches Geschlechtsteil erinnert. „Zweigeschlechtlich", sagen die Forscher und weisen das mit rotem Ocker bemalte, zwischen 20 000 und 27 000 Jahre alte Kalksteinfigürchen dem Bereich des Kultischen zu. „Die Rote von Mauern", so der Spitzname der Figur, kann heute in der Archäologischen Staatssammlung in München besichtigt werden. Ähnliche, allerdings eindeutig „weibliche" Statuetten aus derselben Epoche, der „Gravettien"-Kulturstufe, wurden in dem riesigen Gebiet zwischen Spanien und Sibirien gefunden. Bekannteste Vertreterin ist wahrscheinlich die in der österreichischen Wachau ebenfalls direkt an der Donau gefundene „Venus von Willendorf".

Die „Rote von Mauern" ist mehr als 20 000 Jahre alt. Die fingergroße Statuette kann zweigeschlechtlich interpretiert werden.

Als ein unbekannter Eiszeitkünstler die Kultstatuette von Mauern fertigte, lebten Menschen schon seit mindestens 100 000 Jahren im heutigen Oberbayern. Bekanntester Vertreter dieser frühen Bayern: der Neandertaler. Alte Darstellungen und billige Filme lassen den Neandertaler in der Regel als kaum des Grunzens mächtigen Halbaffen erscheinen – das Gegenteil aber ist richtig: Der „Homo neandertalensis" war ein hochentwickelter Verwandter der modernen Menschen, der Stein und Knochen meisterhaft zu bearbeiten wusste. Auch in der Weinberghöhle bei Mauern wurden handwerkliche Erzeugnisse des Neandertalers gefunden, darunter zahlreiche messerscharfe „Blattspitzen" aus Feuerstein weit im Inneren der Höhlen. Möglicherweise hatte auch dieses Depot kultische Bedeutung. Dass der Neandertaler an irgendeine Form des Weiterlebens nach dem Tod glaubte, gilt als sicher: Als erster vorgeschichtlicher Mensch bestattete er nämlich seine Toten.

Vor etwa 40 000 Jahren wanderten in Mitteleuropa Verwandte der Neandertaler ein, unsere direkten Vorfahren. Neueste Forschungen geben Anlass zu der Vermutung, dass die Urheimat des „Homo sapiens" in Afrika lag. Die Neuankömmlinge verdrängten wohl auch aufgrund ihrer handwerklichen Überlegenheit die alteingesessenen Neandertaler – oder vermischten sich mit ihnen. Sie waren die Schöpfer solch großartiger Kunstwerke wie der südfranzösischen Höhlenmalereien oder der süddeutschen Stein- und Elfenbeinfiguren.

Diese frühe Kunst war indes kein Selbstzweck – sie ist durchweg dem Bereich des Mystisch-Magisch-Religiösen zuzurechnen. Freilich haben die Forscher mittlerweile erkannt, dass Gleichungen wie „abgebildete Wildpferde = Bitte um Jagdglück", „dicke Frauenstatue = Fruchtbarkeitszauber" so einfach nicht aufgehen. Die kultischen Zusammenhänge waren viel komplexer, sie vollständig zu entschlüsseln wird aber kaum jemals möglich sein. Man kann, wie dies einige Wissenschaftler machen, Parallelen zu Symbolen und Riten heutiger Naturvölker ziehen; man kann darüber hinaus versuchen, die Erzeugnisse der frühen Kunst selbst wie eine prähistorische Schriftquelle zu lesen; und man kann – was wir in dieser und anderen Episoden dieses Buchs tun – versuchen, mit

Die Weinberghöhlen bei Mauern

Phantasie und Hintergrundinformationen an den alten Orten längst vergangene Zeiten wieder lebendig werden zu lassen ...

Das Höhlenlabyrinth der Eiszeitjäger

Idyllisch: So wird wohl jeder, der an einem sonnigen Frühlingstag von Mauern hinauf zu den schon von weitem sichtbaren Höhlen steigt, diesen Platz beschreiben. Im Talgrund plätschert ein Bach. Zwischen Wacholderbüschen geht es über Trockenhänge zum Fundort der „Roten von Mauern". Die Höhlen, größtenteils durch Gitter versperrt und so vor Vandalen und Raubgräbern geschützt, sind untereinander zu einem regelrechten Labyrinth verbunden. Sie öffnen sich nach Südosten und erlauben einen weiten Blick hinaus in die Ebene und zur Donau. Am Ufer des Flusses haben seit Jahrtausenden immer wieder Menschen gesiedelt. Da liegt ein Stück nördlich der Weinberghöhle, im sogenannten „Urdonautal" direkt an der Bundesstraße, eine sagenumwobene Steingruppe, möglicherweise ein von Menschen bearbeitetes Menhir. Im Süden, jenseits der Donau, erhebt sich der Römerberg – gekrönt von einem trotz seines Namens noch viel älteren Ringwall, der offensichtlich auch einen alten Kultplatz einschloss. Zwei Kilometer weiter der Flachsberg mit seinen vorgeschichtlichen Grabhügeln, seinem mittelalterlichen Burgstall und der tausendjährigen Ruine der „Kaiserburg". Weiter nach Osten geht der Blick zum Burgholz: auch hier eine Ruine, ein Ringwall, Hügelgräber … und eine Befestigung aus spätrömischer Zeit, ein sogenannter „Burgus". Schließlich die Stadt Neuburg an der Donau mit ihrem mächtigen Renaissance-Schloss. Hier stand schon in keltisch-römischer Zeit die Festung Venaxamodurum. 2000 Jahre ist es her, dass die römischen Cäsaren über diese Gegend herrschten – aber mehr als zehnmal so alt sind die archäologischen Schichten in den Weinberghöhlen, aus denen Forscher vor 49 Jahren die „Rote von Mauern" bargen.

Geheimnisvolle Überreste aus der Vorgeschichte gibt es auch in der Umgebung der Weinberghöhle: ein umgestürzter „Hinkelstein".

Mauern

P

Weinberghöhlen

Die Weinberghöhlen bei Mauern

Besichtigungsziel: Die „Weinberghöhlen", ein Kult- und Wohnplatz aus der Altsteinzeit.

Dauer: Von Mauern zu den Weinberghöhlen etwa zehn Minuten Fußmarsch.

Anfahrt: Von München mit Auto oder Bahn (über Ingolstadt oder über Donauwörth) nach Neuburg an der Donau; von hier aus weiter mit dem Auto oder Fahrrad auf der B 16 (Richtung Ingolstadt) über die Donau, dann nach links abbiegen (Richtung Rennertshofen); über Riedensheim nach Hatzenhofen; rechts ins Urstromtal der Donau (hier floss sie vor 700 000 Jahren) abbiegen und vorbei an Treidelheim nach Mauern; durch den Ort bis zur Bahnlinie, dort Auto (oder Fahrrad) abstellen.

Wegbeschreibung: Zu Fuß bergauf zu den gut sichtbaren Weinberghöhlen.

Besonderheiten: Auch für kleine Kinder geeignet (Wiesen); Infotafel vor den Höhlen.

In der Umgebung:
Ringwall „Stettenberg": Über Rennertshofen vorbei an Bertoldsheim Richtung Burgheim; nach links auf die B 16 abbiegen (Richtung Neuburg); nach Unterhausen, dort die Keltenstraße nach Westen, dann nach Norden, kurz vor dem Ortsende wieder nach Westen; zu Fuß auf dem Weg bis zu der Stelle, an der er dem Wald am nächsten kommt; rechts zum Wald und am Waldrand links; bei der nächsten Weggabelung halbrechts in den Wald hinein, dann geradeaus zum Ringwall.

Vor 5000 Jahren: Die Roseninsel

Steinzeitstätten am Starnberger See

Seit gut 100 Jahren erst hat das kleine Eiland im Starnberger See seinen Namen: Roseninsel. Damals trafen sich hier, umwölkt vom Duft Tausender Rosen, die Wittelsbachersprösslinge „Kini" Ludwig II. und „Sisi" von Österreich. Doch die Geschichte der Insel und des Sees reicht viel weiter zurück: Schon in der Jungsteinzeit vor 5000 Jahren errichteten frühe Siedler hier ihre Pfahlbauten.

Die Männer sind mit ihren Einbäumen draußen auf dem See. Dennoch herrscht in der Siedlung reges Leben zwischen den kleinen, aber massiven Häusern aus Holz, Lehm und Schilf. Während die Frauen die Frühjahrssaat vorbereiten – angebaut werden Einkorn, Gerste, Emmer, Lein, Mohn –, hüten die etwas älteren Kinder die Ziegen und Schweine. Dazwischen laufen struppige Hunde herum; nur in Ausnahmefällen dienen sie als kulinarische Notration ... Im Mittelpunkt des Dorfes steht das heilige Haus. Von außen unterscheidet es sich kaum von den Wohnhütten. Aber im Inneren: Bemalte Tonbuckel schmücken die Wände – die Brüste der Göttin, der großen Mutter. Plötzlich Aufregung im Dorf: Ein Mann mit Fellmütze und Fellmantel, Pelzhose und Lederschuhen nähert sich der Palisade. Über der Schulter trägt er einen Grasumhang. Ein merkwürdiges Tier mit länglichem Kopf, struppiger Mähne und langem Schweif, das die Dorfbewohner noch nie gesehen haben, führt der Mann mit sich. Er sei ein Händler aus dem Süden, sagt der Mann in einem seltsam fremdländischen Dialekt. Und dann breitet er auf einem Stück Fell die Dinge aus, die er auf seinem Lasttier mitgebracht hat. Ein auffallend geformter länglicher Gegenstand erregt das Staunen der Dorfbewohner besonders: Er hat eine scharfe Schneide und schimmert im Sonnenlicht. Dass das ein Beil ist, erkennen die Frauen sofort. Aber was ist das für ein Material? Es sei Kupfer, sagt der Händler. Und als ihn die Frauen verständnislos anschauen, versucht er zu erklären: In den Bergen im Süden finde man an den Felsen oft grünliche oder bläuliche Streifen. Diese könne man abkratzen, das Material schmelzen und in eine Form gießen. Dann müsse man noch … Allmählich wird den Frauen klar, dass das Beil wohl recht teuer werden wird. Der Händler hat auch schon etwas von fünf Ziegen gemurmelt. Aber bald werden die Männer vom Fischen zurück sein, und die werden – egal, was es kos-

tet – das neue Beil ganz bestimmt haben wollen.

Unsere Episode mit dem Händler am Starnberger (früher Würm-) See spielt am Ende der Jungsteinzeit, als erste Metallgegenstände auch in das heutige Oberbayern gelangten. Eigentlich aber beginnt die Geschichte bereits Jahrtausende früher: Der kilometerdicke Eispanzer der vorerst letzten, sogenannten Würm-Eiszeit hatte alles Leben, das es zuvor sicher auch im Alpenvorland gegeben hatte, zugedeckt, ausgelöscht. Als sich dann vor 10 000 Jahren die Gletscher allmählich zurückzogen, war die Landschaft nicht mehr dieselbe. Gletscherzungen hatten tiefe, lang gezogene Mulden ausgeschoben, die sich nun mit Wasser füllten. Die Vegetation kam zurück, die Tiere, schließlich die Menschen.

Auch am Starnberger See ließ sich eine Gruppe von Siedlern nieder. Woher sie kamen, wissen wir nicht. Wahrscheinlich wussten auch sie selbst es nicht genau. Vermutlich waren ihre Vorfahren Jahrtausende früher aus dem Vorderen Orient ein- und die Donau entlanggewandert. Irgendwann hatte ihre Wanderung angesichts der eisbedeckten Barriere der Alpen ein Ende. Hier konnte man bleiben: Der Siedlungsplatz war sonnig, der See voller Fische, der Wald voller Tiere – und Pflanzen anbauen konnte man auch. Denn das war das Neue, Revolutionäre, was die kleinasiatischen Kolonisten mitgebracht hatten: den Ackerbau. Um am

Leben zu bleiben, war die Sippe nun nicht mehr allein auf das wechselhafte Jagd- und Sammelglück angewiesen; die Nahrung wurde jetzt zum Teil selbst produziert. Sicher, auch dabei hatte die Natur noch immer das letzte Wort, und diese Natur folgte dem „weiblichen" Prinzip von Geburt, Wachstum, Tod und Wiederkehr. Die Stellung der Frau im Mythos, im Kult, aber auch im täglichen Leben wurde immer wichtiger; gleichzeitig verloren die männlichen Jäger ihre für das Überleben der Sippe entscheidende Position. Über das Leben der Menschen wachte die „Große Göttin" in ihrer Dreigestalt als jugendliche, reife und alte Frau.

Das alles hat freilich erst die moderne Forschung herausgefunden. Im Starnberger See waren 1984 auf einem Luftbild Reste einer vorgeschichtlichen Siedlung in fünf Metern Wassertiefe entdeckt worden. Die bei Tauchgängen geborgenen Holzfunde konnten inzwischen auf etwa 3700 vor Christus datiert werden. Auch verzierte Tonscherben und ein Kupferbeil fanden die Archäologen. Sie haben auch versucht, die ersten Menschen, die sich vor 5700 Jahren am Starnberger See niederließen, zu beschreiben. Ein paar Keramikscherben, zahlreiche Pfahlstümpfe im Seeboden, ein Beil aus Kupfer zeigen den Wissenschaftlern, dass die erste Siedlung am Starnberger See wohl der „Altheimer Kultur" angehörte und Einflüssen der „Pfyner Kultur" ausgesetzt war. Zunächst einmal sagt das freilich ebenso wenig, wie es dem prähistorischen Starnberger gesagt hätte. Und damit ist das nächste Problem bereits angerissen: Wir wissen weder, wie sich die prähistorischen Menschen nannten, noch, in welcher Sprache sie sich unterhielten.

Aus späteren Epochen, etwa dem keltischen Jahrtausend, haben uns römische und griechische Autoren Berichte über ihre „barbarischen" Nachbarn überliefert. Als sich aber die ersten Siedler am Starnberger See niederließen, lebten die einzigen Menschen, die des Schreibens mächtig waren, an den Ufern des Nil, des Euphrat und Tigris. Für unsere Rekonstruktion sind wir also auf die Ergebnisse der Archäologie angewiesen. Und die hat herausgefunden, dass auch die vorgeschichtlichen Bewohner Europas Visitenkarten hinterließen – die Überreste ihrer Siedlungen, die Scherben ihrer Tongefäße. Deren Vergleich führt zu der überraschenden Einsicht: Unsere frühen Starnberger waren alles andere als Hinterwäldler. Sie hatten offenbar weitreichende Handels- und damit Kulturkontakte. Einen weitgereisten Menschen aus jener Epoche, die die Wissenschaftler Jungsteinzeit oder Neolithikum nennen, kennt mittlerweile fast jedes Kind: „Ötzi", den Gletschermann vom Hauslabjoch. Seit Jahren schon stoßen die mit ihm beschäftigten Forscher ständig auf neue Informationen aus jener über 5000 Jahre zurückliegenden Zeit.

In unserer Episode kündigt sich bereits eine neue „Revolution" an: Das Metall kam. Und damit Besitz, Streit, Krieg. Der Status der Männer im Leben der Sippe wuchs wieder – und die Frauen hatten diese Entwicklung unwissentlich gefördert. Während sie die Felder bestellten, hatten die Männer zunehmend Zeit, sich um den Erwerb von Besitz zu kümmern. Außerdem wuchs dank der gesicherten Ernährungslage die Bevölkerung. Die Folge beider Entwicklungen: zunehmende Rivalitäten, bewaffnete Auseinandersetzungen. Der Mann wurde zum Krieger – der Fortbestand der Sippe hing jetzt wieder stark von ihm ab. Damit änderte sich auch das Wesen der Kultur. Und so ist es fast kein Wunder, dass die Wissenschaft bis vor einigen Jahren den Begriff „Streitaxt-Kultur" benutzte, wenn sie von den Menschen sprach, die rund tausend Jahre nach den ersten Starnbergern auch in dieser Region lebten. Heute bevorzugen die Forscher den weniger martialischen Begriff „Schnurkeramiker", der sich auf die typischen Verzierungen von Tongefäßen dieser Kultur bezieht. Von diesen die Streitaxt schwingenden Schnurkeramikern allerdings glaubt man nun zu wissen, welche Art Sprache sie benutzten. Sie waren, vermuten Prähistoriker, frühe Indoeuropäer und damit in sprachlicher Hinsicht unsere direkten Vorfahren. Zur indoeuropäischen Sprachfamilie gehören auf den ersten Blick so verschiedenartige und doch verwandte Sprachen wie das Indische, das Lateinische, das Russische und das Deutsche. So heißt „Vater" auf lateinisch „pater", griechisch „pater", altindisch „pitar". Wie ein „Schnurkeramiker" seinen Vater anredete, wissen wir nicht. Dass er aber zur großen indoeuropäi-

schen Sprachfamilie gehörte, gilt inzwischen
als gesichert. Jahrhunderte zuvor waren auch
die ersten Indoeuropäer aus ihren Stammgebie-
ten (irgendwo zwischen Ostmitteleuropa und
der südrussischen Steppe) aufgebrochen und
nun dabei, den riesigen Raum zwischen Irland
und Indien sprachlich und kulturell mitzuprä-
gen. Durch das Nebeneinander verschiedener
Kulturen und Völker entstand ganz selbstver-
ständlich das, was wir heute eine „multikultu-
relle Gesellschaft" nennen würden. So auch am
Starnberger See.

Mit der Plätte zu den Pfahlbauten

Ein Dorf der frühen Siedler lag auf einer Insel
nahe dem Westufer, der heutigen Roseninsel.
Lange Pfähle waren in den weichen Untergrund des Seeufers getrieben worden, darüber
Baumstämme auf den Boden gelegt, mit Lehm
verstrichen, massive Holzwände errichtet.
4500 Jahre später glaubten Wissenschaftler,
die an vielen europäischen Seen diese Überreste
entdeckten, zunächst, die „Pfahlbauten" seien
wie auf Stelzen im offenen Wasser gestanden.
Doch die sogenannten „Pfahlbauten" bildeten
in Wirklichkeit Uferrandsiedlungen, die langen
Pfähle dienten der Stabilisierung des weichen
Untergrunds und zum Schutz vor Hochwasser.
Geschützt war die Siedlung im Starnberger See

durch ihre Insellage, zumal sich die Holzbrücke zum Festland bei Gefahr rasch abreißen ließ.

Als Mittelpunkt einer jungsteinzeitlichen Pfahlbausiedlung ist die Roseninsel bei Feldafing ein lohnendes Ziel für einen archäologischen Spaziergang. Auch heute noch wie vor 5000 Jahren erreicht man die Insel nur mit dem Ruderboot. Fährmann Norbert Pohlus setzt Besucher zur Insel über (aber nur von Frühling bis Herbst und nur bei gutem Wetter) – in einem langen, flachen Kahn, einer sogenannten Plätte. Während der Überfahrt erzählt Pohlus Geschichten aus der Geschichte der Insel.

Und während man sanft dahingleitet, kann man sich zurückdenken in längst vergangene Zeiten. Ein Einbaum, bemannt mit bärtigen, pelzbekleideten Männern auf Fischfang, der plötzlich aus dem dichten Schilfgürtel auftaucht, würde einen nicht mehr so sehr überraschen. Nach wenigen Minuten ist die Insel erreicht, ein kleines, stilles Eiland, bewachsen mit jahrhundertealten Bäumen, umgeben von raschelndem Schilf und glasklarem Wasser. 1986 wurde im Seegrund vor der Insel ein 13 Meter langer Einbaum entdeckt und drei Jahre später gehoben. Den Wissenschaftlern ist es mittlerweile gelungen, ihn zu datieren: Er stammt aus der Bronzezeit und ist damit fast 3000 Jahre alt – Bayerns ältestes Boot.

N

nach München

Pöcking

B 2

Feldafing

Possenhofen

Starnberger See

Wörth

Roseninsel

S

500 m

Die Roseninsel

Besichtigungsziel: Die seit der Jungsteinzeit besiedelte Roseninsel mit historischen Schautafeln und Pfahlbauresten im Flachwasser.

Dauer: Mit Übersetzen etwa drei Stunden (Wanderung beliebig verlängerbar).

Anfahrt: Von München aus S-Bahn S6 (Possenhofen oder Feldafing); mit dem Auto von München aus über die A95 und A952 nach Starnberg, von dort aus auf der B2 bis nach Possenhofen.

Wegbeschreibung: Durch den Ort Possenhofen und durch die Parklandschaft zum Seeufer; dann am Ufer entlang bis zur Anlegestelle der Plätte südlich des Schlosses, direkt gegenüber die Roseninsel; auf der Insel ausgeschilderter Rundweg. Casino auf der Insel mit Parkanlage und Rosengarten von Mai bis 15. Oktober (12 bis 18 Uhr, außer montags) zu besichtigen.

Besonderheiten: Überfahrt vom Platanenrondell zur Roseninsel von Mai bis Oktober bei gutem Wetter (Auskunft: Norbert Pohlus, Telefon 0171/722 22 66), auch für Rollstuhlfahrer; Spaziergang für kleine Kinder geeignet; Mitnahme von Hunden nicht gestattet. Funde in der Archäologischen Staatssammlung München, Lerchenfeldstraße 2 (Telefon 089/211 24 02).

03

Vor 3200 Jahren:
Die Birg am Kochelsee

Eine Wallanlage aus der Zeit der
Urnenfelder-Wanderung

Ein steil aufragender, bewaldeter Hügel, eingerahmt von einer eindrucksvollen Bergkulisse: So präsentiert sich dem Wanderer auf einem Weg am Südufer des Kochelsees die vorgeschichtliche Wallanlage der Birg. Schon vor 3200 Jahren nutzten Menschen die exponierte Lage dieser natürlichen Festung. Denn sie lebten in unruhigen Zeiten ...

Angestrengt blickt der Wächter nach Norden. Irgendwo dort, das hat ein durchreisender Bernsteinhändler vor wenigen Tagen berichtet, sammeln sich große Scharen schwer bewaffneter Krieger, um mit Sack und Pack, mit Frau und Kind nach Süden zu ziehen. Und ihr Weg könnte sie durchaus an der hoch aufragenden Wehranlage am Südufer des Kochelsees vorbeiführen. Denn wenn die Händler den Weg kennen, kennen ihn die Anführer der Wanderstämme auch ... Für die Bewohner des Gebiets am Nordrand der Berge haben solche Meldungen freilich etwas von ihrem Neuigkeitswert einge-

büßt. Fremde Stämme, mal friedlich, mal plündernd, mal mit Familie, mal als reine Kriegerscharen, auf dem Weg nach Süden – das erleben die Bauern rund um den Kochelsee schon seit einigen Jahren. Warum immer mehr Stämme in Bewegung kommen, wissen sie nicht. Und es wäre ihnen wohl auch egal, würden all diese Fremden friedlich vorbeiziehen und, wenn sie es wollten, ihr Glück im Süden versuchen, von dem durchreisende Kaufleute ja wahre Wundergeschichten zu erzählen wissen. Leider aber war es schon zu Plünderungen gekommen, fremdes Eigentum und Leben zählten offenbar nicht viel bei diesen fremden Kriegern. Und so sind die Hochlandbauern froh, dass sie sich bei Gefahr hinter die dicken Mauern und Wälle der Bergfestung zurückziehen können, die vor Jahrhunderten ihre Vorfahren auf Befehl des Stammesfürsten errichtet hatten, die in friedlicheren Zeiten als Wegstation für Reisende und Händler diente und die sie angesichts der akuten Bedrohung wieder verstärkt haben. Die zerbröckelnden Mauern haben sie ausgebessert. Anstelle der einfachen Hütten der Ahnen haben die Menschen massive Blockhäuser mit richtigen Steinfundamenten gebaut. Die Fugen der Blockhäuser sind mit Lehm abgedichtet; einige haben sogar im Inneren einen Wandbewurf aus Lehm. Ein bisschen viel Aufwand, denkt der Wächter. Schließlich soll die „Birg" ja keine feste Bleibe sein. Da findet der Bewaffnete es

Die Birg am Kochelsee

schon viel wichtiger, dass sich ein Schmied auf der Birg angesiedelt hat; neben seiner Werkstatt kann er sogar Bronze verhütten. Sollten wir belagert werden, könnten wir also sogar neue Waffen herstellen, denkt sich der Wächter. Jedenfalls wissen die Bauern jetzt, wohin sie bei Gefahr flüchten können: mit dem Boot über den See, zu Fuß oder im Karren auf den alten Wegen am Ostufer entlang und dann auf den hohen, nach drei Seiten abfallenden Felsen am Südufer des Sees und dort – vielleicht mit einem Blick auf die brennenden Gehöfte im Tal – abwarten, bis sich der Sturm verzogen hat.

Mehr als bei anderen Episoden in diesem Buch muss man die Phantasie zu Hilfe nehmen, um sich ein Bild von den Ereignissen zu machen, die sich vor 3200 Jahren am Kochelsee abgespielt haben könnten. Die Archäologen sind sich nämlich uneins, ob die Wallanlage der „Birg" in erster Linie Wegstation an einer Fernstraße von der Isar ins Inntal oder Fliehburg in unsicheren Zeiten war – oder beides. Denn unsicher waren die Zeiten während der sogenannten „Urnenfelder-Wanderung". Dass allerdings ganze Völker auf Wanderschaft gingen, schlussfolgern vorsichtige Archäologen ungerne. Sie halten sich an ihr Metier – Tonscherben, Bodenfunde – und stellen fest: Vor 3200 Jahren breitete sich eine neue, zuvor seltene Bestattungsart über große Teile Süd- und

Die Birg am Kochelsee: Fliehburg, Straßenstation oder Hügelsiedlung? Oder alles zugleich? Jedenfalls in idyllischer Lage.

Mitteleuropas aus. Tote wurden nicht mehr in großen Grabhügeln bestattet, sondern in der Regel verbrannt und in Tonurnen beigesetzt. Das gab der Zivilisation ihren Namen: Urnenfelder-Kultur. Dabei gab es offenbar auch Übergangsphasen: So kennt die Wissenschaft eine Gruppe von Gräbern aus dem Landkreis Weilheim-Schongau, in denen die Toten zwar unter Hügeln, aber eingeäschert beigesetzt wurden.

Die Bevölkerung blieb also im Wesentlichen die gleiche, sagen die Archäologen. Dennoch kommen aber auch sie nicht umhin, einen schwerwiegenden Traditionsbruch festzustellen. Neue Handelswege könnten die bis dahin wohl geordnete und von weitreichenden wirtschaftlichen Verbindungen geprägte bronzezeitliche Welt in Unruhe versetzt haben, kriegerische Ereignisse eingeschlossen.

Vielleicht aber war das noch nicht alles.

Römerstraßen und Kultplätze

Die Birg am Kochelsee

Denn um das Jahr 1200 vor Christus änderten sich eben nicht allein die mitteleuropäischen Bestattungsbräuche. Es war eine Zeit, in der ein Großteil der damals im Mittelmeerraum bereits existierenden Staatenwelt in Trümmer fiel. Für die Rekonstruktion dieser Ereignisse sind wir nicht mehr nur auf die Ergebnisse der Spatenforschung angewiesen, sondern können auf Schriftquellen zurückgreifen. Eine dieser Quellen ist, zumindest in groben Zügen, allgemein bekannt: die Geschichte vom Trojanischen Krieg. Sie besagt im Wesentlichen: Altgriechische Fürsten (die „Achäer") belagerten und zerstörten die kleinasiatische Handelsstadt Troja, stellten aber bei ihrer Heimkehr fest, dass sich Fremde in ihren Palästen breitgemacht haben. Gleichzeitig zerfiel das kleinasiatische Reich der Hethiter unter dem Ansturm fremder Stämme. Die sogenannten „Seevölker" zogen weiter durch den Vorderen Orient. Ein Teil von ihnen ließ sich dort nieder – die aus der Bibel bekannten Philister. Im ersten Buch Samuel ist die Ausrüstung des berühmtesten Philister-Kriegers, Goliath, beschrieben – und seine Waffen sind die eines urnenfelderzeitlichen Recken: „Auf seinem Kopf hatte er einen Helm aus Bronze, und er trug einen Schuppenpanzer aus Bronze. Er hatte bronzene Schienen an den Beinen, und zwischen seinen Schultern hing ein Sichelschwert aus Bronze. Der Schaft seines Speeres war wie ein Weberbaum, und die eiserne Speerspitze wog sechshundert Schekel."

Was aber hat das alles mit der urnenfelderzeitlichen Wehranlage Birg am Kochelsee zu tun? Einige Forscher sehen in den großen Völkerbewegungen, die um 1200 vor Christus den Mittelmeerraum durcheinander bringen, die Endpunkte einer Entwicklung, die in Mitteleuropa beginnt und – Zufall oder nicht – zeitlich mit dem Auftreten der Urnenfelder-Kultur in unserem Gebiet zusammenfällt. Vielleicht kann man von einer Art Schneeballeffekt sprechen: Stämme (oder Teile davon) setzten sich in Bewegung, stießen auf benachbarte Stämme, bekämpften sie, rissen sie mit; diese wiederum brachen auf ... Und so weiter. Führt man sich dann noch vor Augen, dass spätere Völkerwanderungen mitteleuropäische Kelten bis in die heutige Türkei und skandinavische Vandalen nach Nordafrika führten, dann ist die Vorstellung von einer großen Völkerwanderung um 1200 vor Christus auf einmal gar nicht mehr so exotisch.

Zurück ins Alpenvorland. Was wissen wir über die Menschen, die rund um die Birg wohnten? Vermutlich sprachen sie einen indoeuropäischen Dialekt, vielleicht eine Vorform des Keltischen. Die Gesellschaft wurde von Kriegern dominiert. „Mann" versuchte, mit dem Schwert Eindruck zu machen; viele der von Archäologen gefundenen Schwerter dienten tatsächlich ausschließlich der Repräsentation und weisen keine Benutzungsspuren auf.

Wer noch höher gestellt war, hatte einen Wagen als Statussymbol – und ließ sich zusammen mit seinem Gefährt bestatten. Zwei dieser urnenfelderzeitlichen Wagengräber wurden in Poing (Landkreis Ebersberg) und Hart an der Alz (Landkreis Altötting) gefunden.

Wesentlich kleiner und filigraner, aber mindestens ebenso spektakulär ist, was der Haimhausener Arzt Manfred Moosauer 1998 bei Bernstorf im Landkreis Freising entdeckt: ein goldenes Diadem, Bayerns älteste Krone, später ein Gesicht aus Bernstein, das an Schliemanns berühmte Agamemnon-Maske erinnert, mykenische Schriftzeichen. Der Laie überzeugt die staunende Fachwelt. Die bronzezeitlichen griechischen Helden besuchten auch das „Troja im Ampertal" und trieben Handel mit den Bewohnern des Alpenvorlands. Uralte Wege verbanden das Mittelmeer mit dem Norden Europas, Wege, auf denen sich wenig später ganze Völker in Bewegung setzten ...

Ein Felsenpfad in die Vorzeit

Die Phantasie erhält reiche Nahrung, wenn man den Felsenpfad am Südufer des Kochelsees begeht. Direkt am Pfad neuzeitliche Felsgravuren (Foto Seite 41). Tief unten liegt die Wasserfläche. In einiger Entfernung sieht der Wanderer die Birg aufragen. Er kann sich vorstellen, wie am Nordostufer des Sees, wo heute der Ort Kochel liegt, Einbäume beladen und über den See gerudert werden. Unterhalb der Birg gibt es eine flache Bucht, einen natürlichen Hafen. Es fällt leicht, sich in eine längst vergangene Epoche hineinzudenken, als Menschen hinter den heute im dichten Wald verborgenen Wällen der Birg Zuflucht suchten. Der Wanderer stellt sich vor, wie es wäre, selbst einer dieser Schutzsuchenden zu sein, unterwegs auf einem Felsensteig, auf der Flucht vor wandernden Kriegerstämmen.

Grabungen und Zufallsfunde auf der unzugänglichen Birg seit 1911 erbrachten zahlreiche Gefäßbruchstücke, Mahlsteine, Webstuhlgewichte und – angeblich – einen Bronzedolch, der aber verschollen ist. Außerdem gaben die Ausgrabungen Hinweise darauf, wie die Menschen auf der Birg wohnten. Gefunden wurden nämlich zahlreiche künstlich angeböschte Wohnpodien, zum Teil mit Steinfundamenten, auf denen offenbar aus Baumstämmen zusammengefügte Blockhäuser standen. Ebenso fand man Reste des Lehmbewurfs der Hüttenwände; Lehm war auch zum Abdichten der Fugen zwischen den Baumstämmen verwendet worden. Offensichtlich war die Birg also nicht nur eine reine Fliehburg, die man ausschließlich in Zeiten der Gefahr aufsuchte, sondern dauernd besiedelt. Als Wohnsitz einer Ackerbau treibenden Bevölkerung kommt der steile, zwischen

Bergen, See und Mooren eingezwängte Hügel jedoch nicht in Frage. Denkbar wäre also tatsächlich eine Station an einer Wegverbindung von überörtlicher Bedeutung. So wurde einige Kilometer südlich, bei Hinterriß im Karwendel, ein Bronzeschwert der Urnenfelder-Zeit gefunden. Der Felsklotz der Birg kontrolliert tatsächlich den steilen Aufstieg über den Kesselberg zum Walchensee. Vielleicht wurde hier sogar Metall verarbeitet: Die Ausgräber fanden jedenfalls auch Schlackebrocken und Überreste eines Bronzegussstücks. Dass die vielleicht schon seit der mittleren Bronzezeit befestigte, jedenfalls aber immer wieder aufgesuchte Birg in Krisenzeiten den einheimischen Bauern darüber hinaus als sichere Zuflucht gedient haben könnte, ist durchaus wahrscheinlich.

nach
Kochel

Kesselberg

△ 875

H

Altjoch

Birg

Kochelsee

Walchensee-Kraftwerk

△ 872

Felsgravierungen

Jagdhütte

Die Birg am Kochelsee

Besichtigungsziel: Felsensteig mit frühneuzeitlichen Gravierungen (Jahreszahl 1668, Kelch, Schere) und Ausblicken auf die mehr als 3000 Jahre alte Hügelfestung Birg über dem Kochelsee.

Dauer: Etwa eineinhalb Stunden (beliebig verlängerbar).

Anfahrt: Von München aus mit dem Auto über die Garmischer Autobahn oder mit dem Zug (Umsteigen in Tutzing) nach Kochel; dort Richtung Walchensee/Mittenwald; am Beginn der Kesselbergstraße (Bushaltestelle Altjoch der RVO-Linie Richtung Garmisch) rechts Richtung Altjoch abbiegen (rechter Hand ragt die Birg auf); Auto an der Kapelle von Altjoch abstellen.

Wegbeschreibung: Die Birg selbst ist eingezäunt und nicht zu besteigen – ein Wanderweg am Südwestufer des Sees bietet aber schöne Ausblicke auf Birg und Kochelsee: von der Kapelle aus (Birg und See rechts liegen lassen) vorbei an einem Sägewerk über Wiesen zum Felsenweg oberhalb des Sees.

Besonderheiten: Der Weg erfordert ein wenig Trittsicherheit – für kleine Kinder nicht geeignet.

Weitere Ausflüge:
Ringwall Herrenchiemsee: Eine weitere Befestigung aus der Urnenfelder-Zeit findet man in unmittelbarer Nähe eines der „Traumschlösser" Ludwigs II. auf der Herreninsel im Chiemsee. Dort haben sich im Südwesten der Insel die mächtigen Wälle einer Wehranlage erhalten.
Kranzberg bei Freising: Ein Museum soll von 2007 an Manfred Moosauers „Troja im Ampertal" dokumentieren.

Vor 2400 Jahren: Die heilige Quelle am Schneidjoch

Rätische Inschriften in 1600 Meter Höhe

Wer das Schneidjoch südlich des Tegernsees erklimmen will, muss schon Bergerfahrung und Kondition mitbringen. Doch er wird dafür doppelt belohnt: durch die prächtige Bergkulisse des 2196 Meter hohen Guffert – und durch eine heilige Quelle, an der Alpenbewohner vor rund 2400 Jahren Inschriften in den Fels meißelten.

Etwas ratlos stehen die Hirten beisammen. Woher kommt dieser Mann? Was ist das für eine merkwürdige Sprache, die er benutzt? Und was will er überhaupt hier, auf der Hochalm im Schatten des mächtigen Berges? Heute Morgen ist der geheimnisvolle Fremde aufgetaucht. Und seither versucht er ebenso eifrig wie erfolglos, den Bergbewohnern etwas mitzuteilen. Die aber verstehen ihn nicht – und umgekehrt. Zum Glück ist einem der Hirten etwas eingefallen: Drunten im Tal, Riviselchu, der Händler, der ist schon so weit in der Welt herumgekommen – vielleicht versteht er die Sprache des

Fremden. Zwei der Hirten haben sich auf den Weg gemacht, Stunden ist das schon her ... „Sie kommen!" In der Einsattelung des Jochs steht einer der Hirten, winkt mit den Armen und deutet aufgeregt den nördlichen Abhang hinunter. Jetzt sehen es die anderen auch: Die beiden Boten kommen zurück. Zwischen ihnen – sie tragen ihn mehr, als dass er selbst geht – Riviselchu, der Händler. Der untersetzte Mann ist hochrot im Gesicht, seinen keuchenden Atem hören die Hirten bis auf die Höhe des Jochs. Oben angekommen, lassen die beiden berggeübten Hirten ihr Opfer erst einmal ins hohe Wollgras fallen. Es dauert Minuten, bis Riviselchu wieder zu Atem kommt. Dann wendet er sich dem Fremden zu.

Die Hirten stoßen sich gegenseitig an. Haben wir es nicht gewusst: Wenn einer fremde Sprachen versteht, dann der dicke Händler. Tatsächlich – er und der Fremde scheinen sich zu unterhalten. Worüber, das bleibt den Hirten zunächst noch verborgen. Sie hören die Worte, aber sie verstehen sie nicht. Allmählich werden sie unruhig. „Riviselchu", unterbricht einer schließlich das Zwiegespräch, „sag schon: Wer ist das? Was will er?". Der Händler gibt dem Fremden ein Zeichen und wendet sich dann den umstehenden Hirten zu. „Dieser Mann kommt aus dem Süden", erzählt er. „Er sagt, er sei ein Priester aus dem Stamm der Arusnates. Seine Göttin wird unter dem Namen ‚Reitia' verehrt.

Ihr kennt sie", fügt Riviselchu hinzu. „Bei uns heißt sie die ‚Große Mutter'. Ihr jedenfalls will dieser Fremde gedient haben, in einem Heiligtum weit im Süden, zwischen dem kleinen Meer und der Ebene. Bis, ja bis eines Tages wilde, barbarische Völker aus dem Norden und Westen gekommen seien, das Land verwüstet und besetzt hätten. Na ja, ich habe diese angeblichen Barbaren auf meinen Reisen kennen gelernt. So wild sind sie mir nicht erschienen. Im Gegenteil, man kann mit diesen Galliern ganz gut Geschäfte machen.

Und ihr wisst ja, drunten im Nachbartal, keine zwei Tagesmärsche entfernt, hat sich vor kurzem auch eine dieser keltischen Sippen niedergelassen. Habt ihr vielleicht mit ihnen schon einmal Probleme ...". – „Riviselchu, zurück zur Sache!" Die Zuhörer des Händlers werden allmählich ungeduldig. Sie wollen endlich wissen, was der fremde Priester hier möchte. – „Also, unserem Freund hier scheinen die Eindringlinge jedenfalls nicht ganz geheuer gewesen zu sein. Vielleicht stimmt es ja auch, was er mir erzählt hat: In der Nacht, bevor die Gallier das Heiligtum stürmten, sei ihm im Traum die Göttin Reitia erschienen und habe ihn aufgefordert, sich und damit den Glauben an sie in Sicherheit zu bringen. Nach Norden, in die Berge. Ja, und hier ist er nun." – „Ja und? Was will er? Frag ihn!" Die Bergbewohner können sich noch immer keinen rechten Reim auf das alles *machen. Rivivelchu wendet sich wieder dem Fremden zu, wechselt mit ihm ein paar Worte in dieser merkwürdigen Sprache. Dann sagt er: „Wir sollen ihm folgen. Die Göttin hat ihm im Traum gezeigt, wo er ihr ein neues Heiligtum schaffen soll. Und zwar hier, bei euch, auf der Alm." Würdevoll schreitet der fremde Priester den Abhang hinunter. Rivivelchu und die Hirten folgen ihm. Nach etwa 20 Minuten wendet sich der Fremde nach links. Zielstrebig, als kenne er die Gegend schon seit langem, geht er auf eine Felswand zu. Mit wenigen Handgriffen schiebt er das üppig wuchernde Grün zur Seite. Zum Vorschein kommt ein Felsspalt. Und aus diesem Spalt klingt leise das Plätschern und Gluckern einer Quelle. Der Priester dreht sich um, spricht ein paar Worte mit Rivivelchu. Seine Augen leuchten, als er sich an seine kleine Gemeinde wendet. Und mit fremdem Akzent, aber in der Sprache der Bergbewohner sagt er zu ihnen: „Ich bin Elvas, der Priester. Und das ist euer neues Heiligtum."*

Die Geschichte von der heiligen Quelle am Berg Guffert, im bayerisch-österreichischen Grenzgebiet südlich des Tegernsees, wurde gleichsam im Zeitraffer erzählt. In ihr sind historische Ereignisse zusammengefasst, die sich irgendwann um 400 v. Chr. zugetragen haben: die Expansion der Kelten (vgl. Kapitel 5), ihr Einfall in Oberitalien, das Verdrängen der oberitalienischen Etrusker. Dass ein Teil dieser Etrusker nach Norden, in die Alpen auswich, überliefern die römischen Autoren Livius und Plinius der Ältere. Moderne Archäologen sind jedoch skeptisch: Eine Masseneinwanderung von Etruskern in den Alpenbogen müsste deutliche Spuren hinterlassen haben. Solche jedoch wurden bisher nicht gefunden – zumindest nicht aus der fraglichen Zeit. Im Gegenteil: Etruskische

Der Guffert (2195 Meter) liegt auf Tiroler Gebiet. Wer die Felsinschriften sehen will, muss nicht ganz so hoch klettern.

Kultureinflüsse lassen sich wohl im 6. und 5. Jahrhundert v. Chr. nachweisen, später aber werden sie von keltisch geprägten Strömungen abgelöst. Also: Geschichte wieder streichen, Kapitel schließen?

Ganz so einfach ist es wohl doch nicht. Denn eine Tatsache bleibt buchstäblich in den Fels gehauen: Inschriften in einer Variante des etruskischen Alphabets, eingemeißelt in die Wände einer Quellgrotte unterhalb des Schneidjochs in rund 1600 Meter Höhe. Entdeckt wurde diese einmalige Felsinschrift im Jahr 1957. Seither rätseln die Forscher, was die in Stein gehauenen Zeilen bedeuten. Das Vertrackte an der Sache:

Lesen kann man die Schriftzeichen (sie ähneln dem griechischen Alphabet), aber man versteht sie nicht. Insoweit geht es den modernen Forschern nicht viel anders als den Bergbewohnern in unserer Geschichte. Man weiß nicht einmal, welcher Sprache die Worte entstammen. Etruskisch ist es offenbar nicht. Und wäre es das, wäre damit auch noch nicht sonderlich viel gewonnen. Das Etruskische ist nämlich mit keiner lebenden Sprache verwandt und bis heute noch immer weitgehend unübersetzbar. Heute werden die Inschriften vom Schneidjoch meist als „rätisch" bezeichnet.

Womit man aber schon beim nächsten Problem ist: Wer waren diese Räter? Woher kamen sie? Welche Sprache(n) benutzten sie? Mit dem Wort „Räter" bezeichneten, kurz gesagt, die Römer einen Großteil der Bewohner des Alpenbogens. „Raetia" hieß in der Antike die römische Provinz, die die Nordalpen und das Alpenvorland umfasste. Und noch heute wird in Teilen der Alpen das „Rätoromanische" gesprochen. Diese Sprache ist jedoch ein Nachkomme des Lateinischen und hilft uns daher bei der Deutung der Schneidjoch-Inschrift

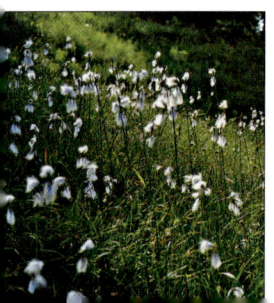

auch nicht weiter. Und was die ethnische Zusammensetzung der so genannten „Räter" angeht, so gibt es kaum ein im Umkreis der Alpen wohnendes Volk, das nicht schon als Kandidat genannt wor-

Römerstraßen und Kultplätze

den wäre: neben den Etruskern die ebenfalls geheimnisvollen Ligurer, dazu die indogermanischen Kelten, Veneter und Illyrer.

Vielleicht steckt in all diesen Theorien ein zutreffender Kern. Und der könnte so aussehen: Zu einer Urbevölkerung unbekannter Herkunft stießen immer wieder Teile benachbarter Volksstämme und formten so das Volk, das die Römer später „Räter" nannten. Dabei scheint es sich aber weniger um einen einheitlichen Stamm gehandelt zu haben als um Menschen, die möglicherweise durch einen gemeinsamen Kult, eben die Verehrung einer Göttin „Reitia", verbunden waren. Eine solche Göttin gab es tatsächlich, sie wurde in Oberitalien angerufen.

Jetzt wissen wir also, dass die Inschrift „rätisch" ist und dass das Mischvolk der Räter irgend etwas mit einer Gottheit „Reitia" zu tun hatte.

Geheimnisvolle Zeichen im Stein

Das Entziffern der Buchstabenkolonnen in 1600 Metern Höhe ist damit aber noch nicht wesentlich leichter geworden. VESIEL-VASA-VEKERAKVE etwa ist in der Felsspalte 200 Meter unterhalb des Schneidjochs zu lesen. Ein Wegweiser führt zum Kultplatz. Man hat versucht, die Inschrift zu übersetzen. Eine Deutung lautete: „Elvas hat hier Wasser geschöpft." Andere Wissenschaftler hielten diese Übersetzung für abwegig. Und so kommt es, dass je nach Forscher eine der in den Fels gemeißelten Zeilen entweder als „Wasser ist da" oder als „Das Heiligtum ist hier" gelesen werden kann. Oder vielleicht auch ganz anders ...

Man muss sich dem Problem also offenbar aus einer anderen Richtung nähern. Da ist zunächst der Ort: abgelegen, an der Grenze zwischen Almwirtschaft (die übrigens von den Rätern entwickelt wurde) und Gebirgseinsamkeit gelegen. Am Fuße einer Felswand entspringt dort in einer schmalen, heute durch ein Gitter vor kritzelnden Dummköpfen geschützten Höhle eine Quelle. Eine heilige Quelle? Davon muss man ausgehen – allein schon wegen der Inschriften. Denn nicht allein, was sie besagen, gibt Hinweise auf die besondere Bedeutung des Orts, sondern bereits die Tatsache, dass sie da sind. Und dass sie offenbar von mehreren Menschen über einen längeren Zeitraum hinweg geschaffen wurden; man glaubt, verschiedene Eigennamen (darunter „Elvas"), mehrere „Handschriften" zu erkennen. Was aber war das Besondere an diesem Ort? Und wer waren die Menschen, die nicht nur hierher kamen, um den Kontakt zu den Überirdischen zu suchen, sondern dabei auch noch des Lesens und Schreibens mächtig waren? Einfache Hirten?

Die Antwort muss lauten: Wir wissen es nicht.

Die heilige Quelle am Schneidjoch

Wir wissen es genauso wenig, wie wir wissen, wer den rätischen Helm aus Bronzeblech getragen hat, der bei Saulgrub gefunden wurde, der heute in der Archäologischen Staatssammlung in München aufbewahrt wird und der mit etruskischen Schriftzeichen verziert ist. Und wem gehörte das im keltischen „Oppidum" (vgl. Kapitel 5) Manching gefundene Tässchen mit der rätischen Inschrift? Solche Funde sagen viel über alpenüberschreitende Kontakte in den vorchristlichen Jahrhunderten, aber wenig über Herkunft und Alltag ihrer ehemaligen Besitzer aus. Manchmal nennt solch ein Fund wenigstens den Namen desjenigen, der den Gegenstand besaß, verlor, opferte. Wie ein in Südtirol geborgenes Hirschhorn: Dieses Weihegeschenk stiftete vor weit mehr als 2000 Jahren ein Mann namens Riviselchu …

Siebenhütten: Nach dem Abstieg vom Schneidjoch lockt ein kühles Bier. Wie gut, dass die Räter die Almwirtschaft erfanden.

DEUTSCHLAND

ÖSTERREICH

Blaubergkamm

Ludwig-
Aschenbrenner-
Hütte

Inschriften
an der heiligen Quelle

#

Schneidjoch

Guffert

H

zum Achenpass

Die heilige Quelle am Schneidjoch

Besichtigungsziel: Prähistorische Felsinschriften der Räter bei einer heiligen Quelle.

Dauer: Der kürzeste Weg führt von der österreichischen Seite zur Quelle; für Hin- und Rückweg mit Rast und Besichtigung etwa sechs Stunden.

Anfahrt: Zugverbindung München-Tegernsee, dann Bus nach Wildbad-Kreuth (von hier beschwerlicher Aufstieg zur Guffert-Hütte; Zweitagestour); oder mit dem Zug über Kufstein nach Jenbach in Tirol, von hier über Achenkirch nach Steinberg. Mit dem Auto über Holzkirchen, Bad Wiessee, Kreuth zum Achenpass (Grenzübergang – Ausweis nicht vergessen!); über Achenkirch Richtung Steinberg; zwischen Achenkirch und Steinberg Wanderparkplatz (Wegweiser zur „Aschenbrennerhütte").

Wegbeschreibung: Vom Parkplatz auf einem gesperrten Fahrweg in etwa zwei Stunden bis unterhalb der Aschenbrennerhütte; dann rechts abbiegen Richtung Schneidjoch/Guffert. Nach weiteren 25 Minuten (unterwegs bei einer Weggabelung rechts halten) zeigt ein Wegweiser den Pfad zur Inschrift (rechts abbiegen). Auf demselben Weg wieder zurück ins Tal.

Besonderheiten: Quellgrotte mit einem Gitter gesichert; wer fotografieren will, sollte ein Blitzgerät mitnehmen; Bergerfahrung ist unbedingt nötig – diese Wanderung führt ins Hochgebirge! Für kleinere Kinder ist die Tour deshalb auch nicht geeignet.

Vor 2200 Jahren: Die Fentbach-Schanze bei Weyarn

Eine Stadt der Kelten

Sie brachten es nie zu einem einheitlichen Großreich – und doch beherrschten die Kelten vor 2200 Jahren einen Großteil Europas. Auch im heutigen Oberbayern lebten keltische Stämme und errichteten hier ihre frühen Stadtanlagen, so genannte „Oppida". Eine solche Keltenstadt ist noch heute auf einem Plateau oberhalb des Flusses Mangfall zwischen Valley und Weyarn zu besichtigen: die Fentbach-Schanze.

Secco, der Schmied, fühlt sich nicht wohl: Nicht genug, dass seine Arbeit nicht die gesündeste ist; heute weht auch wieder dieser warme Südwind, der die ohnehin schon nahen Berge noch näher bringt und den Schädel dröhnen lässt. Der Himmel braucht mir heute gar nicht auf den Kopf zu fallen, murmelt der Schmied missmutig vor sich hin. Seine Vorfahren lebten schon seit unvorstellbar langer Zeit in dem Land am Fuß der Alpen – so lange, dass selbst

die geschichtskundigen Barden nichts mehr
von den Anfängen zu berichten wissen, aber an
diesen Südwind kann man sich einfach nicht
gewöhnen. Und an den Wein, den gestern der
griechische Händler mitgebracht hat, offenbar
auch nicht, denkt Secco. Diese Griechen: An-
scheinend glauben sie, hier, bei den „Barbaren",
das in klingende Münze verwandeln zu können,
was ihrer verwöhnten Kundschaft südlich des
Gebirges nicht mehr zu verkaufen ist. Secco
und die anderen Männer vom Stamm der Catenaten halten sich selbst freilich keineswegs für
Barbaren: Sind nicht die frisch geprägten Gold-
münzen, mit denen er gestern den Wein bezahlt
hat, kleine Schmuckstücke? Ist nicht jede Fibel,
jeder Beschlag, jeder Dolchgriff, der in Seccos
Schmiede entsteht, ein Kunstwerk? Und ist
schließlich nicht der Hauptort der Catenaten
eine Stadt, die den Vergleich mit der Zivilisation
der Mittelmeerländer nicht zu scheuen braucht?
Secco, der Schmied, hat eine ungefähre Vorstellung davon, wie es in Griechenland und bei den
Italikern aussieht. Eine Familiensage berichtet
davon: Einer seiner Vorfahren, Ibliomarus, war
dabei gewesen, bei den Raubzügen in die Mittelmeerländer, mit denen keltische Kampfbünde
von sich reden gemacht hatten. Nach Jahren
erst soll Ibliomarus zurückgekehrt sein, reiche
Beute im Gepäck und die Trophäen aus zahlreichen Kämpfen – die abgeschlagenen Köpfe
seiner Feinde. Secco beneidet seinen Ahnen ein

wenig. Sicher, als Eisenschmied genießt er selbst großes Ansehen; und die kleine Stadt im Schutz des Flusses bietet auch alles, was ihre Bewohner zum Leben brauchen, und Luxusgüter bringen die Händler. Doch die Kelten sind sesshaft geworden, bürgerlich geradezu. Die Reichen werden immer reicher, die Armen immer ärmer. Irgendwo dazwischen ist er, der Schmied. Die Götter, denkt sich Secco, werden schon wissen, warum. Fürs erste wäre ihm schon damit gedient, wenn sie diesen unangenehmen Wind aus den Bergen abstellen könnten.

Wie kaum ein anderes Volk der Vorgeschichte faszinieren die Kelten uns Mitteleuropäer des 21. Jahrhunderts. Vielleicht, weil ein Tropfen keltischen Blutes in fast jedem von uns fließen dürfte. Bei dem Wort Kelten (oder Gallier, was dasselbe ist) denken wir an raue Krieger, die vor nichts Angst haben – außer, dass ihnen der Himmel auf den Kopf fallen könnte –, an Barden und Druiden, an Schmiede und Händler. Es gab, zumindest in den größeren Siedlungen der Kelten, noch viel mehr. Ausgrabungen in den zum Teil riesigen Keltenstädten haben gezeigt, dass es sich um differenzierte Gemeinwesen handelte. Archäologen sprechen von der „Oppida-Zivilisation". Den lateinischen Begriff „Oppidum" indes hat kein Wissenschaftler erfunden, sondern ein Heerführer: der Römer Gaius Julius Caesar. Im „Gallischen Krieg" be-

schrieb der Diktator hundert Jahre nach unserer
Episode die Siedlungen seiner freiheitsliebenden
Gegner und nannte sie „Oppida", Städte. Und
tatsächlich hatten die Oppida zentral-örtliche
Funktion: Sie dienten der Verteidigung, waren
Handels- und wahrscheinlich auch Verwal-
tungszentren, Münzprägestätten, und sie waren
Industrieorte. Im Mittelpunkt der Produktion:
die Eisenverarbeitung. Bereits verhüttetes Eisen
wurde hier von spezialisierten Handwerkern

Die Wälle des Oppidums Fentbach-Schanze sind im
Winter gut zu erkennen.

verarbeitet. Der historische Hintergrund für unsere Geschichte.

Die sogenannte „Fentbach"-Schanze an der Mangfall war ein solches Oppidum. Oder zumindest: war es wahrscheinlich. Recht fündig sind die Archäologen dort nämlich noch nicht geworden: verkalkte Steine, brandiger Lehm, Kohlestücke, zahlreiche Fragmente von Grafit-Ton-Keramik, dazu noch ein Mühlstein, eine Eisenspitze, eine eiserne Gabel. Beweise genug für eine städtische Siedlung?

Ein vorsichtiges „Ja" sagt dazu die Forschung: Das Alter der Tonscherben passt; die Größe der noch immer beeindruckenden Wallanlagen und die exponierte Lage der Schanze sind weitere Indizien. Und schließlich wurde bislang im gesamten südlichen Oberbayern keine andere Anlage entdeckt, die sich überzeugend als Oppidum bezeichnen ließe. Und das, obwohl an der Isar südlich von München möglicherweise ein kultisches Zentrum der Kelten lag (vgl. Kapitel 6), das nach einem politischen Zentralort geradezu verlangt. Vielleicht aber kontrollierte die Fentbach-Schanze auch eine uralte Handelsstraße, auf der Reichenhaller Salz zum riesigen Manchinger Oppidum bei Ingolstadt befördert wurde.

Wer waren die Kelten? Die Vorgeschichtsforschung gliedert die auf die Steinzeit folgende Epoche in drei Abschnitte – benannt nach den jeweils dominierenden Metallen: Kupfer-,

Bronze- und Eisenzeit. Die Eisenzeit wiederum, die in unserer Gegend um 750 vor Christus begann, ist gekennzeichnet durch die Abfolge zweier Kulturen, der älteren, östlich geprägten Hallstatt- und der jüngeren, mehr mediterranen Latene-Kultur, die ihre Namen jeweils bedeutenden Fundorten verdanken.

Träger beider Kulturen, so viel scheint mittlerweile festzustehen, waren Kelten – Nachfahren der Menschen, denen wir bereits im Kapitel über die Urnenfelder-Kultur begegnet sind. Die indoeuropäische Sprache der Kelten ist in ihren Grundzügen bekannt, obwohl sie selbst über Anfänge der Schrift nie hinauskamen. In Schottland und Irland, in Cornwall und Wales, auf der Isle of Man und in der Bretagne werden noch heute keltische Dialekte gesprochen. Selbst bei uns tragen viele Flüsse (Isar und Amper, Glonn und Würm) noch ihre alten keltischen Bezeichnungen.

Und da sich keltisches Leben im Blickfeld der Griechen und Römer abspielte (und oft genug zu deren Leidwesen), liefern auch die Schriftsteller der klassischen Antike viele Informationen über dieses von ihnen den „Barbaren" zugerechnete Volk.

Während der Hallstatt-Epoche herrschten große Dynastien mit weit gespannten wirtschaftlichen Kontakten über die keltische Welt. Eine adlige Herrscherschicht sonderte sich darin vom gemeinen Volk ab, residierte in burgähnlichen Anlagen und orientierte sich in ihrem Lebensstil an der Zivilisation der Mittelmeerwelt.

Im 5. Jahrhundert v. Chr. kam die „Revolution". Die alten Herren wurden hinweggefegt – übrigens fast zur gleichen Zeit, als auch Römer und Athener ihre Tyrannen vertrieben; neue, kriegerische Führer traten an die Stelle der alten Eliten. Damit einher ging ein radikaler Wandel der religiösen und künstlerischen Auffassungen.

Die Kelten gingen auf Wanderschaft, plünderten Rom, zerstörten Delphi, setzten nach Kleinasien über. Als der Keltensturm verebbte, hatte sich eine neue Aristokratie herausgebildet. Erfolgreiche Heerführer und ihre Nachkommen scharten Gefolgschaften um sich, führende Adelsclans begannen – mittelmeerischen Vorbildern folgend – städtische Siedlungen anzulegen. Die keltische Geschichte schien sich zu wiederholen.

Oppidum mit Aussicht

Der Fernblick von Fentbach im Landkreis Miesbach auf die Kette der oberbayerischen Berge ist, zumal bei Föhn, überwältigend. Doch

Die Fentbach-Schanze bei Weyarn

auch der Nahblick beeindruckt. Denn im Gegensatz zu vielen anderen Oppida wurden die noch immer mächtigen Wehranlagen der Fentbach-Schanze nie überbaut. Die keltische Stadt liegt auf einem Geländesporn zwischen Mangfall und Moosbach. Nach Norden, Westen und Osten ist der Platz durch teilweise steil abfallende Hänge von Natur aus geschützt. Größere Befestigungsanlagen waren daher nur an der Süd- und Südostflanke nötig. Wer sich dem Oppidum von Fentbach her nähert, glaubt rechts der modernen Straße einen Vorwall zu erkennen. Ob dieser „Wall" allerdings wirklich der Verteidigung diente, ist umstritten. Gerade an entscheidenden Stellen westlich der Straße und zum Moosbachtal hin fehlt nämlich jede sichtbare Fortsetzung. Vielleicht war es also lediglich eine, allerdings eindeutig künstlich angeböschte Terrasse. Möglich wäre aber auch, dass es sich um die erhaltene Hälfte eines so genannten „Zangentores" handelt, wie es für keltische Oppida üblich war und wie es nahe Manching im Landkreis Pfaffenhofen eindrucksvoll rekonstruiert worden ist. Anstürmende Feinde mussten dabei, ehe sie das eigentliche Tor erreichten, erst eine von zwei Mauern gebildete Gasse passieren – und waren dabei dem Pfeil- und Lanzenhagel der Verteidiger ausgesetzt.

Der eigentliche Hauptwall des Oppidums liegt dreihundert Meter weiter nördlich und ist von Bäumen teilweise verdeckt.

Die Fentbach-Schanze bei Weyarn

Von den Manchinger Ausgrabungen (und durch die Beschreibungen antiker Autoren) weiß man, wie die Befestigungen spätkeltischer Städte aussahen. Es waren nämlich keineswegs einfach aufgeschüttete Steinwälle, sondern speziell konstruierte Mauern. Die keltischen Städtebauer zimmerten zunächst ein kastenartiges Rahmenwerk aus längs und quer gelegten Holzbalken; dieses füllten sie mit Steinen auf; die Außenseiten dieser „gallischen Mauern" (auch diesen Begriff hat Caesar erfunden) wurden mit unvermörtelten Steinen verkleidet; zur Stadt hin wurden mächtige Erdrampen aufgeschüttet.

Der belagerungserprobte General Caesar zollte dieser wehrtechnischen Errungenschaft seiner Feinde hohes Lob: Diese Mauern seien nämlich weder mit Feuer noch durch Rammböcke zu knacken.

Bei der Fentbach-Schanze liegen die Dinge wieder einmal ein wenig anders. Der mächtige Hauptwall verläuft derart in Schlangenlinien, dass man davon ausgehen muss, dass sich seine Erbauer an natürlich vorgegebenen Geländeformationen orientiert haben. Die Stein- und Kohlefunde deuten jedoch darauf hin, dass auch der „Wall" der Fentbach-Schanze eine Konstruktion aus Holz und Steinen war. Hinter diesem Wall erstreckte sich einst das 500 mal 375 Meter große Areal der eigentlichen Keltenstadt.

Spätkeltisches Oppidum

Fentbach

Standkirchen

nach München

A8

nach Salzb

Weyarn

H

1 km

Die Fentbach-Schanze bei Weyarn

Besichtigungsziel: Wallanlagen einer spätkeltischen Stadt.

Dauer: Etwa eine Stunde.

Anfahrt: Mit der S-Bahn-Linie 5 bis Holzkirchen, dann mit dem RVO-Bus 9561 bis Weyarn (von hier circa zwei Kilometer zu Fuß nach Fentbach); oder von München mit dem BOB-Zug nach Darching (fünf Kilometer Fußmarsch nach Fentbach); mit dem Auto über die Autobahn München-Salzburg, Ausfahrt Weyarn. Von hier in nördlicher Richtung über Standkirchen nach Fentbach.

Wegbeschreibung: Vom Nordwestende des Dorfs zu Fuß auf einer Anliegerstraße in nordwestlicher Richtung bergauf (Blick auf die Wallanlagen). In einer Kurve (Feldkreuz, Steinmarterl) passiert man das mögliche „Zangentor". Auf der Anhöhe zweigt ein Feldweg rechts von der Straße ab und führt zum Hauptwall des Oppidums (moderner Wegedurchbruch; antike Zugänge im Osten und Südosten des Plateaus).

Besonderheiten: Kurzer Spaziergang mit schönem Fernblick auf Tegernseer und Schlierseer Berge und auf den Wendelstein.

Weiterer Ausflug:
Manching: Wie ein keltisches Oppidum ausgesehen hat, erfährt man im Kelten Römer Museum Manching (südlich von Ingolstadt). Geöffnet täglich außer montags (www.museum-manching.de).

Römerstraßen und Kultplätze

67

Vor 2100 Jahren: Die Viereck-Schanze von Holzhausen

Keltische Haine und Höfe im Münchner Umland

Rund um München stößt der Wanderer immer wieder auf merkwürdige viereckige Wallanlagen. Lange Zeit hielt man diese prähistorischen Gebilde für Befestigungen. Dann glaubten Forscher, die wahre Bestimmung der umfriedeten Plätze entdeckt zu haben: Waren es Kultorte, heilige Haine der Kelten? Ein Besuch der „Viereck-Schanze" von Holzhausen ist ebenso spannend wie die Geschichte dieses archäologischen Rätsels.

Ein lauer Abend im Mai. Gravitätisch schreitet ein Mann im weißen Gewand mit langem Bart voran, als Zeichen seiner Würde trägt er eine Sichel; eine Schar Menschen, jung und alt, gekleidet in bunt gemusterte, grobe Wollkleider folgt ihm in angemessenem Abstand den Hügel hinauf. Die Männer des Dorfes tragen auf ihren Schultern einen Pfahl, den sie zur Beltine-Feier festlich geschmückt haben. Überall sind Mistelzweige angebracht, die in einem geheimnisvollen Ritual von den Druiden geerntet wor-

den sind: Zwei weiße Stiere hatte man zur heiligen Eiche geführt, bevor der Druide mit seiner goldenen Sichel die Misteln abschnitt, Die Stiere werden jetzt in der Prozession mitgeführt. Eines der wichtigsten Ereignisse im Festjahr der Kelten steht bevor – Taranis, Esus, Teutates, Lug, Epona und all die anderen Götter sollen für das Gedeihen der Feldfrüchte gnädig gestimmt werden. Und von jetzt an bis über das Sommerfest Lugnasad hinaus sollen Felder und Höfe von Blitz und Unwetter verschont bleiben. Nach langem Marsch durch die Landschaft am Fluss Isara ist das Ziel der Prozession erreicht: Das Heiligtum, etwa einen Hektar groß, umfriedet von meterhohen Erdwällen und einem Graben davor. Im Zentrum des heiligen Bezirks haben sich bereits andere Druiden versammelt, auf den Wällen steht erwartungsvoll das Volk. Die Beltinefeier im Mai des Jahres 100 vor der Zeitrechnung geht ihrem Höhepunkt entgegen. Der Druide schwingt das Opfermesser, wie vom Blitz getroffen stürzt der erste Stier zu Boden, dann der zweite. Die Götter mögen dieses Opfer annehmen und dem Volk der Vindeliker weiter gewogen sein.

Was unser Druide nicht weiß: Wenige Wochen nach dieser Feier in der Viereck-Schanze von Holzhausen an der Isar wird in Rom ein Kind zur Welt kommen, dem seine Eltern den Namen Gaius Julius Caesar geben werden. Und mit ihm wird der Anfang vom Ende der keltischen Freiheit kommen. Er wird ganz Gallien unterwerfen. Seine Nachfolger werden auch das Land der Vindeliker zu einem Teil des riesigen Römischen Reiches machen. Und nur 159 Jahre nach dem geschilderten Beltinefest wird auf der walisischen Insel Anglesey die letzte Druidenhochburg im Einflussbereich des Imperiums von römischen Legionären gestürmt und verwüstet werden. Doch Druiden wird es auch danach noch geben: Im fernen Westen der damals bekannten Welt, in Irland, werden sie weiter den Göttern blutige Opfer darbringen und mit ihrem geheimen Wissen von Tod und Wiedergeburt die wahren Herrscher über die Keltenstämme sein. Eines Tages werden sie dann eine neue Lehre von einem getöteten und auferstandenen Gott hören, werden sie übernehmen – und werden sich als wandernde Mönche auf den Weg machen, um den Rest Europas dieses heilige Wissen zu lehren ... Den iroschottischen Wandermönchen, den „Nachfahren" der Druiden, werden wir in Kapitel 14 wiederbegegnen.

Für unsere Schilderung des Opferrituals in der Holzhausener Viereck-Schanze haben wir uns außer bei der Phantasie beim römischen „Allround"-Forscher Plinius dem Älteren bedient, der detailliert die keltischen Rituale beschreibt. Viereck-Schanzen gibt es in Oberbayern in großer Zahl. Besonders konzentriert sind sie in der Erdinger Gegend, im Raum Fürstenfeldbruck und eben an der mittleren Isar zu finden – und das oft ziemlich mühelos: Dank der intensiven Viereck-Schanzenforschung der letzten vierzig Jahre und der Luftbildarchäologie sind sie sogar in vielen Wanderkarten verzeichnet. Aber Vorsicht! Nicht jede eingezeichnete „Schanze" war ein keltisches Heiligtum, und nicht jede von der Archäologie ermittelte Viereck-Schanze ist auch für den Laien noch erkennbar.

Was aber ist überhaupt eine „Viereck-Schanze"? Und wie kamen Forscher darauf, sie als Heiligtümer zu identifizieren? Schon immer waren die viereckig angelegten, oft noch bis zu mehrere Meter hohen Erdanlagen, auf die man in ganz Süddeutschland immer wieder stößt, bekannt. Die ersten germanischen Siedler hielten sie für „Biburgen", Befestigungen aus grauer Vorzeit. Die Bauern ärgerten sich oft über die lästigen Erdwälle und versuchten, sie zu überpflügen; manchmal aber legten sie auch im Schutz der Wälle ihre Felder oder Höfe an. Die Wissenschaftler schließlich stritten sich lange Zeit darüber, ob es sich bei den „Viereck-Schanzen" um Viehpferche, römische Gutshöfe oder tatsächlich um Befestigungsanlagen handelte.

Dann kam das Jahr 1957: In Holzhausen, einem kleinen Ort östlich der Isar, sollte ein Erdwall teilweise abgetragen werden, der der Flurbereinigung im Weg war. Zuvor jedoch erhielt ein Archäologenteam um den Wissenschaftler Klaus Schwarz die Gelegenheit, das merkwürdige Erdwerk gründlich zu untersuchen. Und bald schien die anfängliche Vermutung erhärtet: Viele sogenannte „Viereck-Schanzen" waren wahrscheinlich keltische Heiligtümer, umfriedete Kultbezirke.

Auf diese Spur waren die Forscher durch eine auffallende Beobachtung gestoßen: Die antiken Toröffnungen aller bekannten Viereck-Schanzen wiesen, anders als etwa bei römischen Gutshöfen, niemals nach Norden. Nun kannte man aber eine Gruppe von keltisch geprägten Bauwerken aus den ersten nachchristlichen Jahrhunderten, die ebenfalls diese Besonderheit aufwiesen: die sogenannten „gallo-römischen Umgangstempel", Heiligtümer also. Es lag nun nahe, an eine ähnliche Funktion auch bei den „Viereck-Schanzen" zu denken.

Die Viereck-Schanze bei Deisenhofen südlich von München zeigt die typischen Merkmale: Wall und Graben, erhöhter Innenraum, betonte Ecken.

Die Viereck-Schanze von Holzhausen

Die fünf Jahre dauernde Grabung von Holzhausen deutete in dieselbe Richtung. Die Archäologen konnten mehrere aufeinanderfolgende Bauphasen nachweisen: Zunächst war das Areal, das heute direkt an einen Bauernhof grenzt, von einem massiven Holzzaun umgeben. In der Westecke stand ein kleines Holzgebäude, das offenbar einen überdachten Umgang besaß. In der zweiten Bauphase wurde die Holzpalisade durch ein Geviert aus Wall und Graben ersetzt, das durch eine Wand aus Pfählen ergänzt wurde – merkwürdigerweise auf der Innenseite (die Wehranlagen-Theorie war damit endgültig widerlegt). In einer letzten Bauphase wurde schließlich die innere Palisade abgebrochen und das Tor zu der Anlage erneut verändert.

Der Ausgräber von Holzhausen wies darauf hin, dass man diese Beobachtungen nicht so ohne weiteres verallgemeinern und ungeprüft auf alle Viereck-Schanzen übertragen dürfe. Und in der Tat ist es bei einem Volk, das nach unserem Wissensstand mehrere hundert Götter verehrte, anzunehmen, dass auch die damit verbundenen Kulte sehr vielschichtig waren. Vielleicht waren in manchen Gegenden Opferteiche, wie man sie aus den Sagen der britischen, irischen und bretonischen Kelten kennt, Kernstücke der heiligen Bezirke. Anderswo war möglicherweise eine heilige Quelle Mittelpunkt der kultischen Verehrung. Auffallend ist jedenfalls, dass viele

Viereck-Schanzen in ausgesprochenen Quellgebieten errichtet wurden.

In Holzhausen indes machten die Ausgräber eine besonders aufregende Entdeckung: drei Schächte, 6, 18 und 35 Meter tief. In einem dieser Schächte fanden die Forscher neben Asche- und Kohleresten auch eine klumpige Lehmschicht. Als diese im Labor analysiert wurde, stellte sich heraus: Sie enthielt „Abbauprodukte organischer Substanzen". In den Schacht war also Blut geflossen und Fleisch geworfen worden. Im tiefsten, teilweise künstlich verschalten Schacht fand sich zudem ein scheibenförmiger Gegenstand aus Holz – ein Kultbild? Der kleinste der drei Schächte enthielt ebenfalls organisches Material und einen in den Boden der Grube gerammten Pfahl. Jetzt hatten die Wissenschaftler ihre Beweiskette beisammen: künstlich angelegte Schächte, in denen sich Reste von Opfergaben und Kultbildern fanden; einen umfriedeten Platz, der weitgehend unbebaut war und auf dem keinerlei Gegenstände unbeabsichtigt in den Boden gelangt waren; schließlich ein Gebäude mit Umgang, das sich als Vorstufe zu den gallo-römischen Tempeln interpretieren ließ. Die „Viereck-Schanze" von Holzhausen war ein Heiligtum. So glaubte man. Dann kamen neue Entdeckungen – und immer mehr Fragen. Neueste Forschungen in anderen Schanzen zeigen ein vielfältiges Nutzungsspektrum: Bauernhof, Herrschaftssitz, Kultplatz ... Die Kelten waren ein anarchisches, fantasievolles, widersprüchliches Volk. Die Viereck-Schanzenforschung, so scheint es, ist noch lange nicht am Ende.

Druiden im bayerischen Oberland

Das Hügelland östlich der Isar im Landkreis Wolfratshausen ist eine oberbayerische Landschaft wie aus dem Bilderbuch: breit gelagerte Höfe, eine Kirche mit Zwiebelturm, ein

blumengeschmücktes Feldkreuz. Gleich neben dem Kreuz steht eine Tafel, die auf die Besonderheit dieses Ortes hinweist – auf die Viereck-Schanze von Holzhausen. Die Wälle des ehemaligen Heiligtums (wenn es denn eines war) erheben sich circa 50 Meter dahinter aus dem sie umgebenden Grasland. In einer Ecke der „Schanze" weiden Haflingerpferde.

Das Holzhausener Geviert folgt der einheitlichen Grund-

Die Viereck-Schanze von Holzhausen

form fast aller Kelten-Schanzen: die Anlage ist viereckig; das Erdwerk besteht aus einem Wall und einem vorgelagerten Graben; das einzige, noch gut erhaltene Tor öffnet sich weder bei der Holzhausener noch bei irgendeiner anderen Kelten-Schanze jemals in Richtung Norden; vor dem Tor läuft der Graben durch; die Seitenlänge beträgt etwa 100 Meter; die Ecken des Walls sind leicht überhöht; auch das Bodenniveau des umfriedeten Innenraums liegt etwas über dem der Umgebung. Sehr oft treten Viereck-Schanzen in kleinen oder größeren Gruppen auf. Die Anlage von Holzhausen (es gibt dort nur wenige Meter entfernt eine zweite „Schanze") ist Teil einer größeren Gruppe von mindestens 13 Heiligtümern an der mittleren Isar.

Auffallend ist, dass sich in diesem Gebiet keine größeren keltischen Siedlungen nachweisen lassen. Wurden die Heiligtümer bewusst in abgelegenen Gegenden errichtet, wie das ja auch bei vielen Wallfahrtskirchen der Fall ist? War das Gebiet an der mittleren Isar durch seine geologischen Voraussetzungen besonders geeignet – zum Beispiel für das Anlegen tiefer Opferschächte? Oder hat man nur deshalb in der Umgebung der Schanzen keine Siedlungen gefunden, weil eben doch die Schanzen selbst die Siedlungen waren?

S Deisenhofen

Grünwalder

Forst

Deisenhofer

Forst

Kreuzpullach

Oberbiberg

Holzhausen

Endlhausen

H

Eulenschwang

1 km

Die Viereck-Schanze von Holzhausen

Besichtigungsziel: Die Kelten-Schanze von Holzhausen und weitere keltische Heiligtümer in der nahen Umgebung.

Dauer: Mit dem Auto ein bis zwei Stunden ab Holzhausen, mit dem Fahrrad eine Tagestour.

Anfahrt: Mit der S-Bahn-Linie 7 nach Hohenschäftlarn, von dort mit dem Fahrrad über Kloster Schäftlarn, Klein-Dingharting, Ebertshausen nach Holzhausen; mit dem Auto von München über Grünwald, Straßlach, Dingharting nach Holzhausen.

Wegbeschreibung: 1. Die 1957 ausgegrabene Schanze am südöstlichen Ortsausgang von Holzhausen Richtung Eulenschwang links, eine weitere etwas verdeckt rechts der Straße; 2. mit Rad oder Auto geht es dann weiter nach Endlhausen, im Ort bergauf, vor der Kirche rechts Richtung Fraßhausen, etwa 500 Meter, nachdem die Straße in den Wald eingetaucht, ist rechter Hand eine große Schanze; 3. zurück über Endlhausen nach Oberbiberg (Kirche und Bauernhof in einer ehemaligen Schanze); 4. weiter Richtung Deisenhofen, etwa 300 Meter vor einem rechts der Straße gelegenen Wasserbehälter führt links ein Waldweg zu einem sehr gut erhaltenen Heiligtum; 5. weiter Richtung Deisenhofen, vor der Bahnüberführung links in einem Wäldchen liegt eine Doppelschanze; 6. östlich von Deisenhofen rechts von der Straße nach Oberhaching im freien Feld ein großes Heiligtum; in Deisenhofen S-Bahn-Station (Linien 5, 20 und 27).

Besonderheiten: Beschriebene Tour nur mit Auto oder Fahrrad möglich; Informationstafeln.

Vor 2100 Jahren: Petersbrunn im Mühltal

Der Kult der dreifachen Göttin überdauert die Jahrhunderte

So kriegerisch die Kelten auch waren: Ihr Götterhimmel war nicht nur männlich. Wie im täglichen Leben spielte das weibliche Element auch im Kult eine bedeutende Rolle. Manche dieser Glaubensvorstellungen reichten zurück bis in die graue Vorzeit – und hielten sich in gewandelter Form bis an die Grenze zur Neuzeit. Wie der Kult um die drei „heiligen Frauen" in Petersbrunn.

Der Pfad führt durch das Moor. Rechts und links vom Weg gluckert es verdächtig. Nebelschwaden machen die Dämmerung noch undurchsichtiger. Unheimlich ist es hier ... Sotia will zu den drei Göttinnen gehen. Genauer: zu deren heiliger Quelle. Und der einzige Weg zum Kultplatz führt nun einmal durchs Moor. Natürlich hat Sotia Angst, Angst vor der Dunkelheit, vor der Einsamkeit im Moor, vor der Nähe der Göttinnen. Doch noch mehr Angst hat sie um das Leben ihres Mannes, Ollovico. Bei einem kriegerischen Scharmützel hat er einen

Schwerthieb abbekommen. Eigentlich nichts Ungewöhnliches. Doch die Wunde will und will nicht heilen. Schließlich hat Sotia ihren Entschluss gefasst: Mitten in der Nacht – Ollovico ist gerade in einen fiebrigen Schlaf gefallen – hat sie sich aufgemacht. Die Göttinnen will sie um Hilfe bitten und heiliges Wasser von der geweihten Quelle mitbringen. Dann wird Ollovico wieder gesund.

1800 Jahre später, im 17. Jahrhundert. Eine edle Dame, Sybilla Regina von Starzhausen, ist glücklich: Ihr Gebet wurde erhört. Sie weiß, wem sie Dank schuldet. Sie gibt ein Gemälde in Auftrag, das sie der „Einbettl"-Kapelle bei Leutstetten stiften will. Das Bild zeigt drei weibliche Heilige. Schwestern sollen sie gewesen sein, erzählt man sich im Volk. Und gegenüber dem Petersbrunnen, an dessen heilkräftiger Quelle im 16. Jahrhundert reger Kurbetrieb herrschte, sollen sie vor Zeiten drei Zellen gebaut und viele gute Werke getan haben. Dass der Prälat, mit dem sich die fromme Sybilla vor kurzem darüber unterhalten hat, rein gar nichts von den heiligen Schwestern gewusst und sogar bezweifelt hat, dass es sich um Heilige im Sinne der Mutter Kirche handelt, macht der adligen Frau nichts aus. Ihr Gebet ist erhört worden.

Wir haben die dreifache Göttin bereits kennengelernt – als Repräsentantin von Wachstum, Tod und Wiedergeburt bei den frühen Acker-

bau treibenden Völkern. Im keltischen Götterhimmel spielte die Dreizahl eine nicht minder
große Rolle. Esus, Taranis und Teutates waren
möglicherweise die männlichen Hauptgötter
der Kelten. Man kennt von antiken Steinreliefs
wie aus mündlichen und später aufgezeichne-
ten Überlieferungen aber auch eine weibliche
Trias. Oft wurden diese „Drei Mütter" oder
„Matronen" zusammen mit Symbolen der
Fruchtbarkeit abgebildet. Und: Sie wurden
bevorzugt an heiligen Quellen verehrt – Sym-
bole der Leben spendenden Erdmutter. Große
Göttin der Steinzeit, Matronen der Kelten, drei
heilige Jungfrauen im 17. Jahrhundert? Kann
eine solche, wenn auch immer wieder um-
geformte und den Erfordernissen der gerade
herrschenden Religion angepasste Glaubens-
vorstellung tatsächlich Jahrtausende hindurch
überliefert werden? Gerade was den Glauben
angeht, scheint in den Bayern doch viel mehr
Keltisches zu stecken, als Wissenschaft, Kirche
und sie selbst wahrhaben wollen.

Da gibt es etwa die geheimnisvollen „Perch-
ten", wilde, Masken tragende Gestalten, die
noch heute in den so genannten Rauhnächten
um Weihnachten in vielen oberbayerischen
Dörfern (unser Foto auf Seite 80 entstand in
Kirchseeon bei Ebersberg) ihr Unwesen trei-
ben. Der Begriff „Percht" geht vermutlich auf
eine indoeuropäische Wortwurzel zurück, die
in etwa „leuchtend" bedeutet – oder „präch-

tig" eben. Vor 1000 Jahren klagte ein im Inntal lebender Mönch: Die jungen Burschen würden, obwohl sie doch offiziell Christen seien, noch immer der „Göttin Perchta" anhängen.

Die dreifache Göttin hatte in Bayern offenbar ein besonders langes Nachleben: So stieß ein junger Theologiestudent im Jahr 1910 auf eine alte Sage: Drei adelige Fräulein galten schon seit ewigen Zeiten als die großen Wohltäterinnen zweier Dörfer nördlich von Dachau. Den Einwohnern dieser Ortschaften sollen sie ihren umfangreichen Waldbesitz, den Hart, geschenkt haben. Aus Dankbarkeit dafür wurden sie verehrt, ihre Schädel in der Kirche aufbewahrt. Der Student, der spätere Weihbischof Johann Neuhäusler, beschloss, der Geschichte nachzu-

Die Alto-Kapelle von Leutstetten ist ein besonderer Ort. In ihrem Inneren ist nicht nur ein Grabstein aus der römischen Antike zu finden, ...

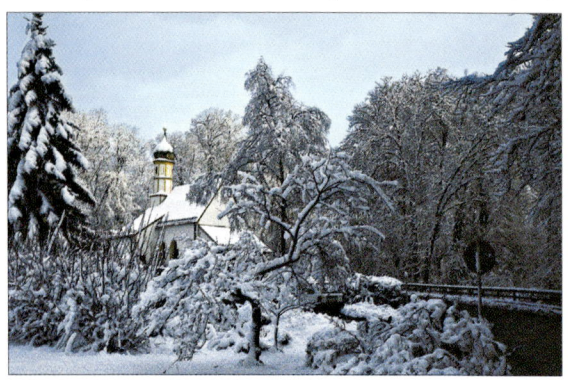

gehen. Mit kriminalistischem Spürsinn suchte er historische Dokumente, die die Legende von der Schenkung belegen könnten, und fand – nichts: „Keine Notiz in der Pfarrmatrikel und im Saalbuch, keine Stiftungsurkunde, keine einigermaßen zuverlässige Zeitangabe, kein Grab, keine Gedenktafel, kein Name, keine Adelsgeschlechtsangabe, keine eigentliche Jahrestagsstiftung." Und die drei gezeigten Schädel? Von den „adeligen Fräulein" konnten sie jedenfalls nicht stammen, denn sie tragen die Jahreszahl 1699 – schon 1689 schrieben aber die Bewohner der beiden Dörfer in einem Brief an ihren Bischof, dass ihre Wohltäterinnen „vor etlich 100 Jahren" gelebt hätten. Für Johann Neuhäusler lag damit die Schlussfolgerung klar auf der Hand: „Die drei adeligen Fräulein haben nie gelebt und darum auch keinen Hart verschenkt, sondern dieser Hart war Gemeindewald und darum als Besitz der drei Nornen erachtet, welche später in drei adelige Fräulein umgetauft wurden."

Hier hatten sich also ganze Dorfgemeinschaften eine zwar verstümmelte, aber dennoch entschlüsselbare Erinnerung an eine Zeit bewahrt, in der die dreifache Muttergottheit über das Wohl und

... sondern auch das Bild der geheimnisvollen drei heiligen Schwestern aus dem 17. Jahrhundert.

Wehe der Menschen wachte. Nicht anders in Leutstetten. Hier war es indes kein Wald, sondern eine Quelle, die den drei Göttinen heilig war. In ganz Europa gibt es Legenden über und Heiligtümer für „drei heilige Frauen": die „Tremaié", die drei Marien, in der Provence; die drei „Matronen" der Römerzeit im Rheinland; die „Saligen" in Südtirol – überall dort, wo vor 2000 Jahren Kelten lebten.

Der Kultplatz im Moor

Ein Gedenkstein an die Eingemeindung der ehemals selbständigen Gemeinde Leutstetten und der weiß-blaue Maibaum gleich daneben bringen uns auf die Spur der drei heiligen Jungfrauen. Beide Male ist nämlich das frühere Gemeindewappen zu sehen. Und das zeigt einen Fluss, die Würm, umgeben von – drei Kronen. Hier, nur wenige Kilometer nördlich der geschäftigen Kreisstadt Starnberg, haben sich zwischen Moorgebieten und dem wildromantischen Mühltal Überlieferungen länger bewahrt als andernorts. Auch das ex-voto-Bild der Sybilla Regina von Starzhausen aus dem zweiten Teil unserer Geschichte gibt es noch immer. Es hängt, nachdem die Einbettl-Kapelle im 19. Jahrhundert abgerissen wurde, in der stimmungsvollen Altokapelle von Leutstetten. Woher die legendären drei „Beten" Ainpet, Gberpet und Firpet – man trifft sie unter geringfügig variierenden Namen im gesamten süddeutschen Raum bis nach Österreich – nach Leutstetten kamen? Wann und warum? Im Denkmalverzeichnis für den Landkreis Starnberg heißt es dazu: „Ihr Kult ist sagenumwoben, sein Auftreten in Leutstetten weder zeitlich noch ursächlich geklärt." Man ist also auch hier auf Vermutungen, auf Indizien angewiesen. So gibt es noch heute den „Einbettlhof". In seiner Nähe wurde ein römisches Brandgräberfeld entdeckt. Ein römischer Grabstein mit Inschrift befindet sich unter dem rechten Seitenaltar der Alto-Kapelle. Im nahegelegenen Wildmoos, durch das wir in unserer Episode die tapfere Keltin Sotia geschickt haben, werden vorchristliche Kultplätze vermutet. Und dann ist da der Petersbrunnen auf der anderen Seite der Würm. Direkt über dieser heiligen (und heilsamen) Quelle erhebt sich seit Jahrhunderten eine Kapelle. Mit durchdringenden Folgen: Das kleine Gotteshaus musste wegen der Feuchtigkeit schon oft renoviert werden.

Römerstraßen und Kultplätze

Leutstetten

Alto-Kapelle

Würm

Petersbrunn

Mühltal

Schönberg

Petersbrunn-Kapelle

ehemaliger S-Bahn Haltepunkt Mühltal

Grabhügel

Rieden

Staatsforst Unterbrunn

Besichtigungsziel: Vorgeschichtliche Grabhügel, sagenumwobene Petersbrunn-Kapelle und Alto-Kapelle mit dem Votivbild der „drei Heiligen".

Dauer: Etwa zwei Stunden.

Anfahrt: S-Bahn 6 Haltestelle Starnberg-Nord oder Gauting (von dort aus allerdings längerer Anmarsch); mit dem Auto über Starnberg oder Gauting.

Wegbeschreibung: Vom stillgelegten S-Bahnhof Mühltal westlich der Gleise einem Schotterweg nach Norden folgen, der bald nach links abknickt; nach wenigen Metern rechts im Wald große Grabhügel aus der Bronze- und Hallstattzeit; wieder zurück, entlang dem Bahngleis der Teerstraße Richtung Süden folgen (Wegweiser Golfplatz); beim Gut Rieden nach links auf einer Brücke die Bahn überqueren und durch den Golfplatz (ausgeschilderter Wanderweg); bei einer Weggabelung kurz vor dem östlichen Waldrand den rechten (unteren, nicht beschilderten) Hohlweg nehmen; auf ihm zur Straße Starnberg - Leutstetten; links nach wenigen Metern Petersbrunn-Kapelle; über die Würmbrücke nach Leutstetten (Alto-Kapelle); zurück über die Würmbrücke und am linken Ufer einem rechts von der Straße abbiegenden Wanderweg zum ehemaligen Bahnhof Mühltal folgen.

Besonderheiten: Heiligen-Bild an der rechten Kirchenwand nur durch ein Gitter zu sehen; Wanderung kombinierbar mit Tour 15.

Vor 1900 Jahren:
Die Aubinger Lohe

Als die Römer nach Bayern kamen

Als die Römer frech geworden ... besetzten ihre Legionen auch das ehemals keltische Südbayern. Doch weniger Frechheit war es, die die Cäsaren ihre Truppen ins Voralpenland in Marsch setzen ließ, als vielmehr nüchternes strategisches Kalkül. Für 400 Jahre herrschte von da an Rom über das Gebiet zwischen Donau und Alpen. Überreste vom Beginn dieser Epoche haben sich in der Aubinger Lohe, einem Waldgebiet im Westen Münchens, erhalten.

Ein heißer Sommertag. Divico, der Schmied, schwitzt – und es ist nicht nur die Hitze, die ihm beim Sandschaufeln zu schaffen macht. Denn die Grube, aus der er den Sand für Ausbesserungsarbeiten an seinem Haus holt, liegt nur wenige Meter neben dem uralten, sagenumwobenen Heiligtum. Und wer weiß, vielleicht mögen es die Götter nicht, wenn man ihnen bei der Alltagsarbeit zu nahe kommt? Gebetet und geopfert wird in dem heiligen

Hain schon seit hundert Jahren nicht mehr. Damals, als die römischen Soldaten einmarschiert waren, hatten sie als erstes Jagd auf Druiden gemacht. Der alte Druide, der über die damals bereits halb verfallenen viereckigen Heiligtümer auf dem sandigen Bergrücken gewacht hatte, soll damals über Nacht verschwunden sein. Man habe nie wieder von ihm gehört, hat Divicos Urgroßmutter ihm vor Jahrzehnten erzählt. Sie war nahe diesem Hügel am Rande der großen Ebene aufgewachsen; später hatte sie einen jungen Gallier geheiratet, der im Gefolge der römischen Soldaten als Handwerker aus dem Westen des Reichs gekommen war. Sie, die Tochter eines catenatischen Eisenarbeiters, und der junge Schmied aus Gallien hatten sich sofort verstanden – und das nicht nur, weil sie fast den gleichen Dialekt sprachen. Das ist jetzt auch schon wieder 80 Jahre her, und was hat sich in der Zwischenzeit alles verändert, denkt Divico beim Schaufeln. Kelten und Römer unterscheiden sich hier in der Provinz immer weniger voneinander. Gleich in seiner Nachbarschaft haben sich drei altgediente Legionäre nach ihrer Entlassung angesiedelt. Und der Schmied muss ein bisschen lachen, als er an einen anderen Nachbarn, den Kelten Sedullus, denkt: „Flavius Sedullus" nennt er sich neuerdings – na ja, vielleicht ist es für einen Händler wichtig, so seine Verbundenheit mit dem neuen Kaiserhaus zu demonstrieren. Immerhin dürfte

*Sedullus besonders froh sein, dass mit den Fla-
viern wieder Ruhe ins Römische Reich einge-
kehrt ist. Krieg, zumal Bürgerkrieg, schadet be-
kanntlich den Geschäften. Und Krieg hatte es
nach der Ermordung dieses verrückten Kaisers
Nero genug gegeben. Divico weiß auch heute
noch nicht so genau, wer damals eigentlich gegen wen kämpfte. Aber er kann sich noch genau
daran erinnern, dass er mit der Herstellung von
Schwertern kaum nachgekommen war. Gute
keltische Schmiede wird man immer brauchen,
so lange das Imperium besteht, denkt Divico.
Und wenn es einmal nicht mehr besteht ... Der
Schmied erinnert sich an die Erzählungen seines Nachbarn Sedullus von den wilden, kriegerischen Horden aus dem Norden. Ja, Schwerter
wird man wohl tatsächlich immer brauchen.*

Die Geschichte vom Schmied Divico hat uns
in die achtziger Jahre des ersten Jahrhunderts
und geographisch in die „Aubinger Lohe" im
Nordwesten Münchens geführt. Seit hundert
Jahren war das Alpenvorland damals Teil des
Römischen Imperiums. Zwei Stiefsöhne des
Kaisers Augustus, Drusus und Tiberius, der
spätere Kaiser, hatten im Jahre 15 vor Christus die rätischen, ligurischen und keltischen
Bergvölker in die Zange genommen und in
einem Blitzfeldzug scheinbar mühelos unter-
worfen. So zumindest stellte es die römische
Propaganda dar, deren monumentalster Aus-

druck ein riesiges Siegesdenkmal bei La Turbie im Hinterland von Nizza ist. In einer großen Ruhmesinschrift sind dort die Namen aller von Drusus und Tiberius besiegten Völker und Stämme aufgeführt – manche von ihnen zum ersten und letzten Mal.

Unter den Besiegten sind auch die „Vindelicorum gentes quattuor Cosuanetes, Rucinates, Licates, Catenates" aufgeführt, die vier Stämme der Vindeliker also, von denen wir aus den Berichten römischer Autoren wissen, dass sie im heutigen bayerischen Alpenvorland lebten. Eine aktuelle Forschungsrichtung geht jedoch davon aus, dass das Alpenvorland zur Zeit der römischen Invasion kaum besiedelt war und die „Vindeliker" erst von den Römern hier angesiedelt wurden. Ausgrabungen, vor allem im großen Oppidum von Manching, haben gezeigt, dass die spätkeltische Kultur zwischen Alpen, Lech, Donau und Inn bereits im ersten Jahrhundert vor Christus entscheidend geschwächt worden war, das heißt, bevor die Legionäre einmarschierten.

Denn auch von Norden her drohte den Kelten Gefahr: Die Germanen drängten nämlich immer weiter nach Süden; schon um 100 vor Christus hatten die Züge der germanischen Kimbern (die Teutonen waren möglicherweise selbst keltischer Abstammung) Römern wie Kelten die neue geopolitische Lage vor Augen geführt; dreißig Jahre später war der Germanenhäuptling Ariovist mit

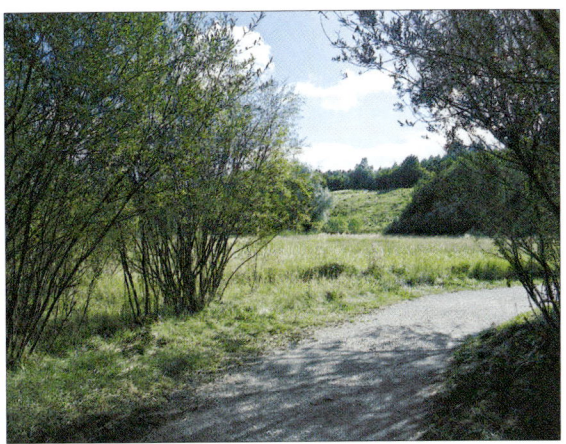

seiner Gefolgschaft plündernd und mordend in Süddeutschland eingefallen. Ein Teil der dortigen Bevölkerung hatte daraufhin wohl seine Sachen gepackt und war nach Westen abgewandert (ein Unternehmen mit schlechtem Ausgang, wie man bei Caesar nachlesen kann). War das Alpenvorland danach nur noch dünn besiedelt gewesen? Hatten deshalb die Kaisersöhne mit ihren Legionen so rasch und offenbar ohne größere Schlacht das Gebiet südlich der Donau okkupieren können? Warum aber werden die vier Teilstämme der Vindeliker dann ausdrücklich auf dem Siegesdenkmal an der Côte d'Azur genannt? Alles nur römische Propaganda zur Überhöhung des leicht errungenen Sieges?

Fest steht allerdings, dass sich die Bevölkerung des Alpenvorlandes vor und nach der römischen Invasion deutlich unterschied. Zwar kann es keine „Entvölkerung" des Gebiets gegeben haben – wie hätten sonst vorrömische Orts- und Flussnamen (Isar, Lech, Amper, Glonn) überdauern können? Doch die jungen, wehrfähigen Männer aus den unterworfenen Stämmen wurden für das römische Heer zwangsrekrutiert und an auswärtigen Kriegsschauplätzen eingesetzt; dafür wurden Soldaten aus aller Herren Länder in Rätien stationiert. Und im Gefolge der Soldaten kamen Handwerker, Kaufleute und vermutlich auch Kolonisten. Rasch errichteten die Römer im Alpenvorland zur Sicherung des neuen Territoriums eine Kette befestigter Militärstationen. Eine krönte den Auerberg westlich von Schongau.

Rätien war jedoch nicht das eigentliche Ziel der römischen Feldherren gewesen: Wichtig war es ihnen, die Alpenpässe zu kontrollieren und eine Aufmarschbasis gegen den eigentlichen Feind im Norden zu gewinnen: gegen die Germanen. Doch die Niederlage der Legionen unter ihrem Kommandeur Varus im Teutoburger Wald setzte dem römischen Vormarsch ein Ende. Das Imperium geriet in die Defensive; die Sicherung der Reichsgrenze an Rhein und Donau stand jetzt im Vordergrund. In den eroberten Gebieten wurde eine Zivilverwaltung aufgebaut; das Land der Vindeliker wurde der

Die Aubinger Lohe

Provinz „Raetia" zugeschlagen. Amtssitz des römischen Statthalters wurde Augsburg, „Augusta Vindelicum".

Die Herrschaft des zwar kunstsinnigen, aber auch brutalen und vermutlich in seinem Amt heillos überforderten Kaisers Nero stürzte das Reich in eine ernste Krise, Aufstände brachen aus, Nero wurde ermordet, die Idee eines großen, unabhängigen gallo-römischen Herrschaftsgebiets machte die Runde, in nur einem Jahr verschliss das Imperium drei Kaiser. Erst der vierte, der General Vespasian, konnte seine Herrschaft auf Dauer sichern und eine neue, freilich nicht allzu langlebige Dynastie begründen – das Kaiserhaus der Flavier.

Nach dem Wiederaufbau der durch die Bürgerkriege verwüsteten Provinz Rätien gingen die Römer wieder in die Offensive, verlegten die Reichsgrenze im Westen Rätiens ein gutes Stück nach Norden um eine kürzere Verbindung zwischen Rhein und Donau zu schaffen. Die neue Reichsgrenze wurde durch eine Kette von Kastellen und Wachtürmen gesichert – der „Limes" entstand, der Oberbayern im Norden tangiert und im Jahr 2005 von der UNESCO zum Weltkulturerbe erklärt worden ist. In dieser Epoche, in der Römer und Kelten zumeist friedlich nebeneinander lebten, spielt unsere Episode.

Urlandschaft am Rande Münchens

Verwunschene Teiche, Birkenwälder, durch die sich gluckernde Rinnsale schlängeln, einsame Pfade durch dichtes Unterholz – eine solche Naturlandschaft vermutet man nicht unbedingt am Rande einer Millionenstadt. Und doch gibt es sie: Die Aubinger Lohe hat sich viel vom besonderen Zauber einer Urlandschaft bewahrt, in der Geschichten aus längst vergangenen Zeiten wieder lebendig werden können.

Die Aubinger Lohe, eine bewaldete Lößterrasse, die sich nordwestlich von München aus der Schotterebene erhebt, zog wegen ihres fruchtbaren Bodens schon seit der Bronzezeit immer wieder Siedler an. Ein Spaziergang durch diesen Wald, wie ihn am Wochenende viele Münchner und ihre Nachbarn aus den Landkreisen Dachau und Fürstenfeldbruck unternehmen, wird so unversehens zu einem Ausflug in die Vergangenheit. Besonders viele der in der Aubinger Lohe gemachten Funde stammen aus der Zeit der letzten Kelten und der römischen Besiedlung. Noch heute sichtbar sind die Reste zweier „Viereck-Schanzen" – jener rätselhaften Anlagen, von denen man bis heute nicht so genau weiß, ob sie Kultplätze oder Bauernhöfe waren. Oder beides zugleich.

Nachgewiesen wurden in der Aubinger Lohe auch mindestens drei keltische und drei römische Gehöfte sowie Keramikscherben aus der

Die Aubinger Lohe

Zeit der flavischen Kaiser, in der unsere Episode spielte. Offenbar verhütteten die antiken Bewohner der Aubinger Lohe auch Eisen; Schlackenreste wurden jedenfalls zu Tage gefördert (und lassen sich mit ein bisschen Spürsinn auch heute noch finden). Wahrscheinlich verarbeiteten die späten Kelten hier Brauneisen, das im Nordteil der Aubinger Lohe vorkommt.

Der Teufelsberg: Wall und Erdaufschüttung einer mittelalterlichen Turmhügelburg.

Mit den Römern und ihren keltischen Mitbürgern mit Migrationshintergrund indes war die Besiedlung des Gebiets noch nicht zu Ende: Siedler des Frühmittelalters legten später in der jetzt bewaldeten Lohe Hochäcker an, ein Kleinadliger errichtete um 1100 im Nordosten der Lohe eine vom Wald bis heute hervorragend konservierte Turmhügelburg, den sagenumwobenen „Teufelsberg".

**Turmhügel
Teufelsberg**

Aubinger Lohe

Moosteiggeräumt

Viereck-Schanze 1

Schürfgruben-
feld

Aubinger Lohweg

Viereck-
Schanze 2

nach Aub'

P

Eichenauer Str.

250 m

Die Aubinger Lohe

Besichtigungsziel: Spätkeltische Viereck-Schanzen und frühmittelalterlicher Turmhügel in der altbesiedelten Aubinger Lohe.

Dauer: Etwa ein bis zwei Stunden.

Anfahrt: S-Bahnhof Aubing (und dann zu Fuß oder mit dem Fahrrad über Ubo- und Eichenauer Straße zur Lohe) – etwa zwei Kilometer; mit dem Auto von Aubing im Münchener Westen zu einem Autoparkplatz in einer scharfen Rechts-Links-Kurve der Eichenauer Straße am Südosteck des Waldgebiets.

Wegbeschreibung: Vom Parkplatz (in seiner Umgebung wurden keltische und römische Funde gemacht) auf dem Aubinger Lohweg („Hauptgeräumt") schnurgerade nach Norden; auf einer großen Lichtung schneidet der Weg den überwachsenen Nordwall einer Viereck-Schanze; dann auf breitem Forstweg nach rechts abbiegen; den zweiten links abbiegenden Weg; Weggabelung nach etwa 100 Metern, noch einmal 100 Meter auf dem rechten der beiden Wege; kurz vor dem Ende des Hochwalds 50 Meter rechts vom Weg der Turmhügel „Teufelsberg"; dann denselben Weg wieder zurück bis zum Südrand der eingangs erwähnten großen Lichtung; hier nach rechts vom „Hauptgeräumt" abbiegen; nach etwa 50 Metern halblinks durch das Schürfgrubenfeld zur recht gut erhaltenen zweiten Viereck-Schanze (etwa 100 Meter vom Weg entfernt).

Besonderheiten: Vom S-Bahnhof Lochhausen aus Waldlehrpfad durch die Aubinger Lohe – Wegführung und Markierung aber nicht eindeutig; in manchen Wanderkarten verzeichnete gallo-römische Siedlungsorte nicht zugänglich (Privatbesitz).

Vor 1800 Jahren: Römerstraßen durch Südbayern

Von Augusta Vindelicum (Augsburg) nach Iuvavum (Salzburg)

Die Lebensadern des riesigen Römischen Reichs waren die Straßen. Kreuz und quer durchziehen sie Südbayern, große Fernverbindungen ebenso wie kleinere „Ortsverbindungsstraßen". Eine der wichtigen Strecken ist die von der Provinzhauptstadt Augusta Vindelicum (Augsburg) nach Iuvavum (Salzburg). Auf ihr ist kurz nach dem Jahr 200 ein Händler unterwegs ...

Das hätte er auch einfacher haben können. Septimius Sedullus ist wütend. Der Händler ist unterwegs von der Provinzhauptstadt Augusta Vindelicum in Raetien nach Iuvavum, das schon in der Provinz Noricum liegt. In Augusta hat man ihm eine Straßenkarte gezeigt: Gerade einmal 130 Meilen wären es – hätte er die direkte, erst vor wenigen Jahren unter Kaiser Septimius vorbildlich erneuerte Fernstraße genommen. Aber in einem Anflug von Nostalgie hat Sedullus in Augusta beschlossen, einen Abstecher dorthin zu machen, wo einer seiner

Vorfahren vor 130 Jahren gelebt hatte. Einen Abstecher! Jetzt kämpft er sich schon seit Stunden bei Dauerregen an diesem Fluss entlang nach Süden vor. Und ob er noch vor Einbruch der Dunkelheit Bratananium erreichen kann, wird immer fraglicher.

Dabei hatte die Reise eigentlich ganz gut begonnen: Bis zur ersten großen Straßengabelung kommt Sedullus schnell voran. In der Dämmerung erreicht er eine kleine Militärstation und findet dort sogar eine Übernachtungsmöglichkeit. Obwohl schon die Iden des Aprilis bevorstehen, beginnt es am Abend zu schneien; noch in derselben Nacht setzt dann wieder Tauwetter ein, und es regnet, regnet, regnet ... Am nächsten Morgen hat sich das sonst so brave Flüsschen Glana in einen reißenden, dreimal so breiten Strom verwandelt. Nur mit Mühe kann Sedullus mit seinem Packpferd das südliche Ufer erreichen. Dort ist gerade eine römische Bauernfamilie dabei, ihr Vieh vor dem unaufhörlich steigenden Hochwasser in Sicherheit zu bringen. Im Hügelland, das sich anschließt, kommt das Wasser wenigstens nur noch von oben. Dann der nächste Fluss, die Ambra, und wieder mehr als nasse Füße für den Händler. Weiter führt die Straße schnurgerade nach Süden, bei trostlosem Wetter durch eine düstere Moorlandschaft, oft genug auf Knüppeldämmen über den verdächtig glucksenden Boden. Hinter dem Sumpfgebiet biegt Sedullus nach

Römerstraßen durch Südbayern

Westen ab. Auf schmalen, selten begangenen Pfaden kann er tatsächlich bis zu dem Gehöft vordringen, von dem seine Vorfahren stammen sollen. Er hat gehofft, dort vielleicht sogar entfernte Verwandte zu finden. Aber welche Enttäuschung: Die Häuser liegen in Trümmern. Die Germanenhorden, die vor mehr als 40 Jahren plündernd nach Raetien vorgedrungen waren, haben offenbar ganze Arbeit geleistet.

Bratananium hat Sedullus doch noch erreicht. Hier stärkt und erholt er sich erst einmal, bevor er an die Weiterreise denkt. Sogar ein Bad gibt es hier. Kein Vergleich zwar zu den prächtigen Thermen in seiner Heimatstadt Augusta, aber immerhin! Draußen regnet es noch immer. Erst zwei Tage später lässt die Sintflut nach, sogar die Sonne kommt hin und wieder heraus. Sedullus weiß, es hätte gar keinen Sinn gehabt, früher aufzubrechen – denn der gefährliche Übergang über die Isara liegt noch vor ihm. Und tatsächlich führt der Fluss viel mehr Wasser als üblich. Wieder einmal hat unser Händler keinen trockenen Faden mehr am Leib. Glücklicherweise gibt es am östlichen Steilufer der Isara eine Raststation. Weiter geht die Reise fast geradeaus in südöstliche Richtung. Bei Isinisca kreuzt ein von Castra Regina nach Italien zurückreisender Veteran Sedullus' Weg. Die beiden wechseln ein paar Worte – über das Wetter natürlich, und darüber, dass es vielleicht gar nicht so schlecht sei, dass die aus Arabien stam-

Römerstraßen und Kultplätze

Bedaium: Das römische Museum in Seebruck am Chiemsee.

mende Verwandtschaft des Kaisers versuche, den Kult des Sonnengottes im Reich durchzusetzen... Bei Pons Aeni überquert Sedullus den nächsten dieser wilden Bergflüsse, ausnahmsweise einmal trockenen Fußes – vor Jahren schon wurde hier eine Brücke gebaut. Bald wird der Händler den großen See erblicken und nach Bedaium kommen. Iuvavum ist dann nicht mehr weit.

Unmittelbar nach der Eroberung des Alpenvorlandes begannen die Römer, die neue Provinz „Rätien" durch ein immer dichteres Netz von Straßen zu erschließen. Diese sechs bis acht Meter breiten, künstlichen Dämme – im Sumpfland gab es Knüppelwege, an Steigungen Hohlwege – waren in vielen Fällen sorgfältig gepflastert und ermöglichten so nicht nur den Legionen Roms, sondern auch Händlern ein rasches und müheloses Vorwärtskommen. Im Idealfall bestanden die Straßen aus einem Steinfundament, mehreren Kiesschichten und einer Abdeckung aus Kies und Sand oder einem Pflaster aus Steinen und Quadern. Damit das Regenwasser rasch abfließen konnte, waren die Straßen leicht gewölbt. Die Spuren dieser antiken „Autobahnen" sind bis heute zu sehen. Erkennbar sind nicht nur Straßendämme, sondern auch die benachbarten Aushubgruben. Hinweise auf eine Römerstraße können aber auch Ortsnamen geben, insbesondere solche mit dem Bestandteil „straß". Ursprung ist nämlich das lateinische „via strata", gepflasterter Weg. Und weder vor noch nach den Römern (bis weit ins Mittelalter hinein) wurden in unserem Gebiet Wege gepflastert.

Um das Jahr 170 hatten die Markomannen, ein germanischer Volksstamm, die Donau überquert und waren plündernd in Raetien eingefallen, ehe sie von den Militärs des Kaisers Marcus Aurelius zurückgedrängt wurden. Als der unfähige und grausame Sohn und Nachfolger des Marc Aurel, Commodus, im Jahre 192 ermordet wurde, brach im Reich erneut ein Bürgerkrieg aus, aus dem der Nordafrikaner Septimius Severus als Sieger hervorging. Er begründete die Dynastie der Severer, deren verwandtschaftliche Beziehungen bis in den Nahen Osten reichten. In den Kämpfen mit seinen Rivalen hatte Severus die Erfahrung gemacht, dass das Straßennetz einer dringenden Renovierung bedurfte. Die strategisch bedeutenden Fernverbindungen wurden ausgebaut – Meilensteine aus den Jahren um 200 erinnern noch heute daran. Die von dem Händler in unserer Episode benutzte Straße führte von Augsburg nach Osten. Im Landkreis Dachau ist sie zwischen den Orten Übelmanna und dem Petersberg als fast schnurgerader, bis zu einem

Meter hoher Damm noch zu verfolgen. Am Petersberg gabelte sich die Straße. Ihr südlicher Zweig überquerte die Glonn und führte – vorbei an einer römischen Villa – relativ geradlinig auf die Amper nordöstlich von Dachau zu. Von hier an verlief die Straße südwärts durch das Dachauer Moos; noch heute heißt diese Strecke „Alte Römerstraße". Um an das vorangegangene Kapitel anzuknüpfen, ließen wir unseren Händler einen Umweg über die Aubinger Lohe machen, ehe er an der Würm entlang nach Süden zog, um in Gauting (Bratananium) auf die Fernstraße Augsburg-Salzburg (Iuvavum) zu stoßen.

Eine „Darre": Hier räucherten die Römer Chiemsee-Fische.

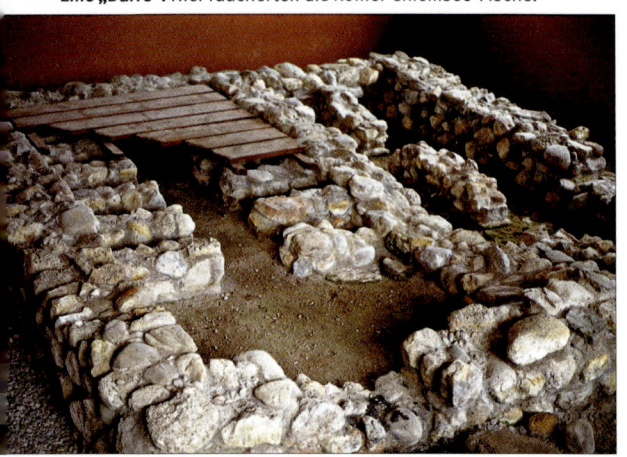

Römerstraßen durch Südbayern

Wo die Römer Chiemsee-Fische räucherten

Bei Grünwald überquerte die Straße die Isar, führte dann über Kleinhelfendorf und Pfaffenhofen (Pons Aeni, „Brücke über den Inn") im Landkreis Rosenheim nach Seebruck (Bedaium) am Nordende des Chiemsees. Namenspatron des Orts Bedaium ist nach Meinung der Forscher eine keltische Seegottheit. Auch heute noch, nach 1800 Jahren, hat der idyllisch am Nordende des Chiemsees gelegene Ort noch einiges Römische zu bieten: Die Kirche markiert den Standort des kleinen römischen Kastells, das in der Zeit Kaiser Marc Aurels errichtet wurde. Von den massiv gebauten Außenmauern dieser Befestigungsanlage sind zehn Meter erhalten geblieben und begrenzen den Friedhof des Kirchleins. Gleich daneben wurde 1988 das kleine, aber feine Römer-Museum Bedaium eröffnet, in dem der Besucher viel über das Alltagsleben der keltischen und der römischen Chiemsee-Anwohner erfährt. Bemerkenswerteste Ausstellungsstücke: zwei römische Holzfässer aus dem 2. Jahrhundert, die bei Ausgrabungen in einem ehemaligen Brunnenschacht gefunden wurden. Die Wissenschaftler vermuten, dass in den Fässern Lebensmittel aufbewahrt wurden. 100 Meter westlich des Museums an derselben Straße kann man die Reste einer so genannten „Darre" besichtigen, in der die Römer von Bedaium Chiemsee-Fisch räucherten.

nach Traunstein

Chiemsee

Alz

Kastellmauer

Museum

Darre

Seebruck

Römerstraße

nach Bernau

Besichtigungsziel: Überreste der römischen Straßenstation „Bedaium" (Kastellmauer, Museum, Darre zum Trocknen von Fischen). Keltisches Gehöft.

Dauer: Ohne Museum etwa eine halbe Stunde (mit keltischem Bauernhof zwei Stunden).

Anfahrt: Mit dem Zug nach Prien, dann RVO-Bus 9520 Richtung Traunstein bis Seebruck; mit dem Auto auf der Autobahn München-Salzburg bis Ausfahrt Bernau; dann am Westufer des Chiemsees entlang bis Seebruck am Nordende des Sees. Parken in der „Römerstraße" bei der Kirche; rechter Hand das Römermuseum (Telefon 0 86 67/75 03, geöffnet täglich außer montags; im Dezember und Januar sowie an einigen Feiertagen ist das Museum geschlossen); geradeaus führt ein Weg zur Kirche; links davon römische Steine und ein Teil der freigelegten Kastellmauer; zurück zur Römerstraße und etwa 100 Meter nach Westen – dort ist unter einem Schutzdach die 1985 ausgegrabene Darre zu besichtigen. Ein 1998 eröffneter Archäologischer Rundweg führt 27 Kilometer lang durchs Gemeindegebiet. Zu sehen sind Grabhügel, ein keltisches Gehöft bei Stöffling (der nur etwa 30 Gehminuten von Seebruck entfernt errichtete Nachbau ist frei zugänglich), eine Viereck-Schanze und eine Fluchtburg.

Weiterer Ausflug:
Langengern: Dieser Ort im Landkreis Dachau wird noch immer von einer alten Römerstraße durchzogen – die Häuser liegen fast einen Meter tiefer als der Damm der Ortsstraße. Man erreicht Langengern mit der S-Bahn (Linie A, Station Kleinberghofen; dann etwa 2,5 Kilometer Fußmarsch).

Vor 1800 Jahren:
Die „Villa rustica"
von Möckenlohe

Bauern am Limes

Während im Hinterland der Handel seit zwei Jahrhunderten weitgehend unverändert über das Netz der Römerstraßen rollte, hatten die an der Nordgrenze des Reichs, dem Limes, angesiedelten Bauern bereits mit Problemen (und hin und wieder auch mit Eindringlingen) zu kämpfen: Die Vorboten der großen germanischen Völkerwanderung klopften gewaltsam an die Türen des Reichs. Ein römischer Bauernhof steht heute wieder – wie vor 1800 Jahren – im nördlichsten Winkel Oberbayerns, in Möckenlohe.

„Wenn das so weitergeht", schimpft Marcus Donatus Rusticus, „brauchen uns die Barbaren gar nicht mehr auszuplündern. Das besorgt schon das Militär, das uns vor ihnen schützen soll." Der Gutsherr, der seit der Unterstellung des Hofs unter die Armee eigentlich nur noch ein Gutsverwalter ist, hat sich in Rage geredet. „Ein schöner Schutz ist das, wenn man auf dem eigenen Grund und Boden nichts mehr zu sa-

gen hat. Und das nur, weil der Kaiser, der Bru-
dermörder Bassianus, nicht in der Lage ist, die
Ordnung an den Grenzen aufrechtzuerhalten.
‚Caracalla' nennen sie den Imperator wegen
seines modischen Mantels. Modischer Mantel,
pah! Ein Barbar ist er. Wie soll der denn diese
anderen, neuen Barbaren, die sich ‚Alamannen'
nennen, bezwingen? Ich …". „Ich glaube, du
hast genug geredet", fällt ihm sein Gast ins
Wort. „Genug geredet und genug getrunken."
Septimius Sedullus, der Händler, ist ein bedäch-
tiger Mann. Jahrzehnte, die er auf den Straßen
des Imperiums zugebracht hat, haben ihn vor-
sichtig gemacht. Zu viele Kaiser hat er kommen und gehen sehen; noch mehr Menschen
im Kampf Römer gegen Römer sterben sehen –
oder einfach nur, weil sie zu offen ihre Meinung
über die politischen Verhältnisse kundgetan haben. Wie dieser Limesbauer, bei dem Sedullus
für diese Nacht Quartier gefunden hat.

Es ist ein lauer Sommerabend im Hügelland
südlich der Alcmoennis. Der Hofherr, begierig
auf Nachrichten aus Rom und den anderen Gegenden des Reichs, hat den Händler auf einen
Becher Wein in den offenen Säulengang seines
Bauernhauses, der „Villa rustica", eingeladen.
Da sitzen die beiden Männer nun, schauen hinaus nach Süden in die sternklare Nacht und
unterhalten sich über Kaiser und Imperium.
Das heißt … eine richtige Unterhaltung ist es
nicht geworden. Denn kaum hat Sedullus mehr

Die „Villa rustica" von Möckenlohe

erzählt als den üblichen Hauptstadtklatsch, kaum hat er begonnen, davon zu berichten, dass der Kaiser einen Feldzug zum Limes plant, um die Alamannen in ihre Schranken zu weisen, ist es aus dem Bauern herausgebrochen: Lieber heute als morgen würde er weggehen von hier. Vielleicht nach Süden, am liebsten nach Latium, in die Umgebung Roms. Seine Vorfahren stammen von dort. „Jupiter mag wissen, was sie dazu gebracht hat, sich hier niederzulassen – ich weiß es nicht", schimpft der Gastgeber. „Schau dir doch meine Villa an: Das Klima hier ist meist so rau, dass du die Fenster für teures Geld verglasen musst; bei den Wirtschaftsgebäuden habe ich sogar Tierhäute verwendet. Nur gut, dass wir Römer die Hypokaustenheizungen erfunden haben – glaub mir, im rätischen Winter würdest du sonst glatt erfrieren. Na ja", unterbricht sich der Bauer, „nicht alles ist schlecht hier: Wir haben Rinder, ein paar Schweine, Schafe, Hühner. Dazu den Getreideanbau. Bis jetzt hat das ja gereicht für meine Familie und mich. Da ist auch ganz schön was übriggeblieben, was wir frei verkaufen konnten. Auch an die Armee natürlich, aber zu unseren Bedingungen. Aber seitdem das Militär auf allen Höfen das Sagen hat und alle paar Wochen ein Dekurio vorbeischaut ... Ach, weißt du, es macht einfach keinen Spaß mehr, für andere zu produzieren." Der Bauer seufzt resigniert. „Und das Schlimmste ist, dass sie jetzt auch

noch meine Pferde wollen. Am liebsten fast ge-
schenkt! ‚Bereichert die Soldaten', hat der alte
Kaiser seinen Söhnen gesagt. Ach was, sage ich –
die bereichern sich schon selbst. Und wenn
die Alamannen kommen... Wirst sehen: Meine
Pferde werden es sein, auf denen unsere wacke-
ren Limesverteidiger Reißaus nehmen!"

Am nächsten Morgen erwacht der Guts-
herr mit brummendem Kopf. Der Händler, so
erzählen ihm seine Knechte, sei bereits ganz
früh abgereist. Schlechter Verlierer, denkt sich
der Bauer. Denn nach der Diskussion haben sie
noch eine Partie eines Brettspiels gespielt, das
der Händler mitgebracht hat. Und er, der Bau-
er, der Provinzler, hat auf Anhieb gewonnen.
Vielleicht, kommt es Marcus Donatus in den
Sinn, vielleicht habe ich gestern ein bisschen
viel geredet. Hoffentlich kann der Mann seinen
Mund halten, denkt der Limesbauer, während
er zu den Pferchen mit den langhörnigen Rin-
dern, den schwarzweißen Ziegen und den Woll-
schweinen geht.

Ein Freilichtmuseum der Römerzeit ist der
nördliche Winkel Oberbayerns, der Landkreis
Eichstätt. Zufall ist das nicht. Immerhin verlief hier die nördliche Reichsgrenze, der Limes,
das Bollwerk gegen die Barbaren. Und südlich davon strategisch wichtige Fernstraßen,
die zur Kaiserzeit den Limes mit dem Hinterland, mit der Provinzhauptstadt Augsburg und

der Garnisonsstadt Regensburg verbanden. Oberhalb des Ortes Pfünz (vom lateinischen „Pons", Brücke) sind noch heute die rekonstruierten Überreste eines Kohortenkastells zu besichtigen (Doppelseite 90/91). Der Ort hieß als Militärstützpunkt Vetoniana, bedeutend war er vor allem wegen seines Übergangs über die Altmühl (Alcmoennis). Von hier aus führte eine Römerstraße zum Kastell Kösching. Ihre Spuren sind noch heute im Wald auszumachen. Vom Lager Pfünz führt eine Straße in südlicher Richtung in den Wald. Diese Römerstraße führt – an Adelschlag und Pietenfeld vorbei, wo unter Äckern und Wiesen noch mehrere nicht ausgegrabene römische Höfe ihrer Erforschung harren – nach Möckenlohe, wo sie wieder auf die moderne Straße nach Nassenfels trifft.

Bauernland seit 2000 Jahren: Die römische „Villa rustica" von Möckenlohe wurde originalgetreu wieder aufgebaut.

Nassenfels war in der Antike als Vicus Scuttarensium ein wichtiges Verwaltungszentrum. Den Namen des Ortes kennt man von einem Weihestein der Bewohner, der in der Vorhalle der Kirche eingemauert ist. Man muss sich die Siedlung als Miniaturausgabe einer römischen Stadt vorstellen – mit Badegebäuden, Tempeln, einem Forum. Von der Bedeutung des antiken Nassenfels zeugt noch eine kopflose Statue in der Archäologischen Staatssammlung in München, der berühmte Togaträger. 1961 wurde das Standbild im Schutt eines alten römischen Steinbruchs gefunden.

Vielleicht wurde die Statue im selben Unglücksjahr 233 gestürzt, als auch die „Villa rustica" von Möckenlohe ihr Ende fand. Damals, zwanzig Jahre nach unserer geschilderten Episode, überrannten die Alamannen den Limes (vgl. Kapitel 11) und beendeten die römische Herrschaft nördlich der Donau. Ob unser – erfundener – Marcus Donatus Rusticus hätte fliehen können, können wir nur vermuten. Und dürfen aufatmen: Die Ausgräber fanden keine Spuren, die auf ein gewaltsames Ende des Bauernhofs am Limes hindeuten. Aus der Tatsache, dass nur sechs Münzen (die letzte davon um 220 geprägt) geborgen wurden, kann man vielmehr schließen, dass die Bewohner des Hofs rechtzeitig ihre Sachen gepackt haben und abgewandert sind. Vielleicht hat also auch unser Marcus Donatus Rusticus die Heimat seiner Ahnen wiedergesehen ...

Die „Villa rustica" von Möckenlohe

Bauernland seit 2000 Jahren

Mitten in dieser Landschaft, in der man auf Schritt und Tritt auf Spuren der Antike stößt, steht die „Villa rustica" von Möckenlohe. Die Grundmauern eines römischen Bauernhofs also? Mehr als das: Dort, im Land zwischen Altmühl und Donau, steht ein kompletter römischer Bauernhof, originalgetreu vom Keller bis zu den Dachziegeln. Und zwar seit 1993.

Angefangen hat alles dreißig Jahre zuvor. Damals begann Michael Donabauer östlich des Orts einen Aussiedlerhof zu errichten. Der Platz hatte es in sich: Unter einem flachen Hügel, so wusste es eine Ortssage zu berichten, sollte ein Goldenes Kalb vergraben sein. Die

„Reichslimeskommission" war bereits 1926 auf römische Tonscherben im Eichstätter Museum aufmerksam geworden, die von diesem Ort stammen sollen. Das alles ließ dem Landwirt keine Ruhe. Er grub das Erdreich an der besagten Stelle an – und stieß auf Mauerreste. Um keine Schatzgräber anzulocken, deckte er die Mauern wieder zu. Zwanzig Jahre vergingen, ehe ein Luftbild Aufschluss über die Ausdehnung der unterirdischen Mauerzüge gab.

Jetzt gab es keinen Zweifel mehr: Dicht neben Donabauers Aussiedlerhof hatte knapp 2000 Jahre zuvor schon einmal ein Bauernhof existiert. Dann ging es Schlag auf Schlag: 1986 gründete Donabauer den Verein „Römervilla Möckenlohe". Im folgenden Jahr begannen die wissenschaftlichen Grabungen. 1988 waren die Grundmauern freigelegt. Der Plan entstand, in Zusammenarbeit mit dem Bayerischen Landesamt für Denkmalpflege die Villa wieder aufzubauen. Originalgetreu auf den alten Grundmauern, anhand der Grabungsbefunde und – soweit möglich – mit den antiken Baumaterialien. Die Rekonstruktion und das darin untergebrachte Museum wurden im September 1993 eingeweiht.

Soweit die nüchterne Chronologie. Doch dahinter steckt sehr viel Engagement der Beteiligten und besonders Donabauers und seiner Mitstreiter vom Verein Römervilla Möckenlohe. Dem Landwirt genügte es nicht, die Sage

Die „Villa rustica" von Möckenlohe

10

zu kennen – er ging ihr auf den Grund. Ihm genügte es nicht, Grundmauern freilegen zu lassen – er wollte den antiken Hof wieder aufbauen. Und ihm genügte es nicht, ein interessantes, aber lebloses Museum zu präsentieren – er begann, die Antike wiederzubeleben. Dazu rekonstruierte er antike Erntemaschinen und begann, nach Tierrassen zu suchen, die den Haustieren der Römerzeit ähneln. Auch dabei wurde Donabauer fündig, und so tummeln sich in Pferchen hinter der „Villa rustica" mittlerweile ungarische Wollschweine, walisische Schwarznasenschafe, Steppenrinder, kleinwüchsige Pferde und großgewachsene Esel.

Im Museum selbst werden – und zwar nicht nur beim römischen Erntefest am dritten Wochenende im August – Funde von den Grabungen bei Möckenlohe gezeigt: Dachziegel, Teile der Fenstergitter, Reste der typisch römischen Fußbodenheizung („Hypokausten"), Schlüssel, Spielsteine, Münzen ... Besonders interessant ist ein Gang in den Untergrund der Villa: Das Mauerwerk des Kellers mit seinem gestampften Lehmboden ist noch weitgehend original erhalten.

Eichstätt

Landershofen

Römisches Kastell

B 13

Pfü

Römischer Steinbruch

Herrenholz

Römerstraße

Pietenfeld

B 13

Adelschlager Horst

Variante 1

Hellerberg △

Adelschlag

Villa Rusti

Ⓗ

Möckenlohe

Variante 2

Nassenfels

1 km

Die „Villa rustica" von Möckenlohe

Besichtigungsziel: Rekonstruierter römischer Bauernhof und weitere antike Spuren südlich der Altmühl.

Dauer: Rundgang durch den Hof etwa eine Stunde; mit Ausflügen in die Umgebung (Kirche und Burg in Nassenfels, Kastell in Pfünz) Tagestour.

Anfahrt: Mit dem Zug nach Ingolstadt, dann INVG-Bus nach Tauberfeld/Kirche; von dort halbstündiger Fußweg; auch die Bahn hält in Tauberfeld. Mit dem Auto über die Autobahn München-Nürnberg (Ausfahrt Ingolstadt-Nord) auf der Bundesstraße 13 Richtung Eichstätt; hinter Pietenfeld nach Möckenlohe abbiegen.

Wegbeschreibung: Die Villa östlich des Dorfes ist gut ausgeschildert.

Besonderheiten: „Villa rustica" geöffnet von Palmsonntag bis Allerheiligen (werktags 15 bis 16 Uhr; samstags und sonntags 13 bis 17 Uhr). Am dritten Wochenende im August großes römisches Erntefest. Anmeldung für Gruppen und Führungen außerhalb der normalen Öffnungszeiten unter Telefon 0 84 24/277. Mehr Infos: www.roemervilla-moeckenlohe.de.

Vor 1750 Jahren: Die Römer-Schanze von Grünwald

Leben in einem zerfallenden Weltreich

Um die Mitte des dritten Jahrhunderts gerät das Römische Reich endgültig in die Defensive. Äußere Feinde bedrohen die Grenzen, innere Unruhen kündigen sich an. Jetzt werden auch im Hinterland die Siedlungen befestigt. Ein Beispiel dafür ist die „Römer-Schanze" von Grünwald bei München, eine Wallanlage auf einem Bergsporn über dem Isartal.

Claudius Divicus, der Schmied, kann sich über Mangel an Arbeit nicht beklagen. Die Provinz könnte zum Kriegsschauplatz werden. Gut, dass man in solchen Zeiten immer Schmiede braucht, denkt sich Claudius. Schmiede sind seine keltischen Vorfahren schon immer gewesen; und Schmiede sind sie auch geblieben, als ihnen Kaiser Caracalla vor Jahren wie allen freien Reichsbewohnern das römische Bürgerrecht verliehen hat. Freilich, römische Bürger sollen schon mal standesgemäßer gewohnt haben. Aber die kleinen Häuser aus Lehm-

fachwerk ducken sich wenigstens hinter eine mächtige Mauer – mächtig genug jedenfalls, um marodierende Barbarenhorden abzuhalten. Sicherheit geht eben in diesen unruhigen Zeiten vor Bequemlichkeit. Für ein bisschen Zerstreuung sorgt das Wirtshaus: Dort kann man sich mit durchreisenden Händlern und Soldaten unterhalten.

Einer dieser Reisenden ist Marcus Virius Marcellus, ein Soldat, der gerade vom Heimaturlaub in Italien zu seiner Garnison an den Limes zurückkehrt. Nicht ganz billig, nicht ganz billig ... Marcus Virius rechnet gerade nach, wieviel ihn wohl der Weihealtar kosten wird, den er bei seiner Rückkehr in seinem Kastell errichten lassen will. Aber schließlich, es geht ja um die Götter und um die eigene Karriere. Und mit der ist Marcus recht zufrieden: Dekurio ist er, Zugführer, zudem jetzt schon zum dritten Mal Lagervorstand. Es ist an der Zeit, sich bei den Göttern zu bedanken, die ihm bisher so gewogen waren, bei der Schicksalsgöttin Fortuna und bei Merkur, dem Gott der Reisenden. Und ein Reisender in Sachen Kriegsführung ist Marcus Virius wie jeder römische Soldat: gestern in Britannien, heute am rätischen Limes, morgen vielleicht in den Wüsten Nordafrikas. Apropos Wüste: Wenigstens die Teilnahme am jüngsten kaiserlichen Orient-Abenteuer ist Marcus erspart geblieben. Hoffentlich halten inzwischen die Barbaren nördlich der von Truppen *fast entblößten Limesgrenze still, denkt Marcus. Und seufzt: Wen interessieren schon die Befürchtungen eines Dekurio? Höchstens die Götter – und die will er mit der Errichtung des Weihealtars gnädig erhalten.*

Marcus Virius Marcellus' Befürchtungen sollten nicht unbegründet sein: Zwar wurde der kaiserliche Feldzug nach Osten zum militärischen Erfolg; doch gleichzeitig und sicher nicht zufällig überrannten die germanischen Alamannen die von Truppen entblößten römischen Grenzstellungen. Einige Römer hatten offenbar noch Zeit, ihre Münzschätze zu vergraben. Archäologen, die heute diese Münzen wiederfinden, können den Historikern damit wichtige Hinweise auf die Stoßrichtungen der alamannischen Angreifer geben. So wurde einer dieser Münzfunde aus dem Jahr 233 in München-Harlaching gemacht. Besonders schlimm erging es dem Limes-Kastell Pfünz (vgl. Kapitel 10) und seiner Besatzung: Ausgräber fanden die Skelette der erschlagenen Wachen – die Soldaten hatten nicht einmal mehr Zeit gehabt, ihre Schilde zur Hand zu nehmen; die lagen, schön aufgereiht, bei einer Mauer des Tors. Das Kastell wurde nach der Katastrophe nie wieder aufgebaut. Betroffen war wahrscheinlich auch das Lager Kösching, in dem unser Marcus Virius Marcellus stationiert war. Wir wissen nicht, ob er den Alamannensturm über-

lebt hat; sein letztes – und für uns einziges –
Lebenszeichen ist der am 23. Mai 231 auf-
gestellte Weihealtar. Dieser Altar mit der un-
gewöhnlich genauen Datumsangabe wurde
im Jahre 1509 vom großen bayerischen Ge-
schichtsschreiber Aventin in Untersaal an der
Donau entdeckt. Heute kann man den Stein
im Römermuseum der Burg Grünwald südlich
von München besichtigen.

Scharfes Süppchen im römischen Kochtopf

„Zu Grünwald die Rittersleut ...", nun, die
kennt man. Aber Römer? Ein Fehlgriff der
Museumsmacher oder ein bewusster Rückgriff
auf die antike Geschichte des Ortes im Isartal?
Letzteres, denn Grünwald hat tatsächlich eine
römische Vergangenheit. Rund zwei Kilometer
südlich des Ortes überquerte damals die wichtige Fernstraße Augsburg-Salzburg die Isar (vgl.
Kapitel 9). Zwei große Steinblöcke liegen dort
im Flussbett, der Georgen- und der Michael-
stein. Früher hielt man sie für verwitterte Überreste der Römerbrücke. Sie sind aber natürlichen Ursprungs; auf der römischen Fernstraße
passierte man die Isar entweder durch eine
Furt, mit einer Fähre oder über eine Holzbrücke. Dort, wo die Römerstraße am östlichen
Talhang wieder an Höhe gewinnt, soll nach einer Sage der Ort einer versunkenen Stadt sein.

Zu Grünwald die Römersleut: Gesichter aus der Antike im Burgmuseum (vgl. auch Seite 126).

Die „Stadt" gibt es wirklich. Es ist die so genannte „Römer-Schanze" auf einem Bergsporn oberhalb des Isarübergangs. 1893/94 griff ein in Archäologie dilettierender Kollege unseres römischen Soldaten, der bayerische Generalmajor Carl Popp, zum Spaten. Popp entdeckte im innersten Abschnitt der dreieckigen, durch mehrere Wälle gegliederten Anlage die Steinfundamente mehrerer Gebäude. Vor allem aber konnte er nachweisen, dass unter dem mittleren Wall die Reste einer massiven Mauer aus Tuffstein und Gusswerk verborgen sind. Überragt wurde die Mauer von Türmen, die einen Tordurchlass flankierten. An diese Mauer lehnten sich im Inneren offenbar einige Gebäude an – darunter eine Schmiede.

Popp fand bei seinen Grabungen nämlich nahezu das komplette Inventar solch eines spätrömischen Handwerksbetriebs: Zangen,

Aussichtspunkt: Weiter Blick über das Isartal von der Grünwalder Römer-Schanze.

Pfannen, einen Amboss, Hämmer, Meißel, dazu ein Beil, eine Sense, eine Sichel, zwei Sägeblätter, Brecheisen, Ringe, Beschläge ... Was der Schmied in unserer Episode im Wirtshaus zu sich genommen haben könnte, kann der Besucher im Burgmuseum Grünwald erfahren. Dort ist eine römische Küche rekonstruiert.

Wichtigste Zutat zu vielen römischen Speisen war das „garum" oder „liquamen", eine scharfe Würzsoße, die aus vergorenen Fischabfällen gewonnen wurde. Antike Autoren überlieferten dafür Rezepturen, die unsere modernen Mägen nur schwerlich überstehen würden. Fischinnereien, Sardinen und andere kleine Fische und Fischabfall wurden in einer dicken Salzlake in offenen Gefäßen zersetzt. Dazu kamen noch aromatische Kräuter. Anschließend wurde die Brühe mit eingedicktem Most abgeschmeckt.

Die Römer-Schanze von Grünwald

Im Grünwalder Burgmuseum erfährt man – auch ohne das Rezept im Selbstversuch testen zu können – viel über den Alltag in der Provinz Rätien und in anderen Randgebieten des Reichs, über Religion und Grabkult, über den antiken Straßenverkehr. In einem Raum der Burg, in dem auch Funde aus der Römer-Schanze ausgestellt sind, erhält der Besucher einen Überblick über die Vor- und Frühgeschichte des Münchner Gebiets.

Die Dauerausstellung im Westflügel der Burg präsentiert vor allem römische Steindenkmäler aus Bayern und anderen Gebieten, die ehemals zum Römischen Weltreich gehörten. Im Turmaufgang kann sich der Besucher über die wechselvolle Geschichte der Burg und des darin untergebrachten Museums informieren, bevor er die Aussichtsplattform mit ihrem prachtvollen Rundblick erreicht. Dort oben kann man sich fühlen wie einer jener viel besungenen „alten Rittersleut".

Oder aber wie ein römischer Legionär, der auf einem Wachturm am Limes oder irgendwo im Hinterland versucht, seine Zivilisation, die einzige, die er sich vorstellen kann, vor dem Ansturm der Barbaren zu bewahren. Und der dabei doch auf verlorenem Posten steht.

Grünwalder Forst

Burgmuseum

Grünwald

Friedhof

S

Isar

Römer-Schanze

nach München

Die Römer-Schanze von Grünwald

Besichtigungsziel: Römer-Schanze; Römermuseum (Telefon 089/641 32 18) in der Grünwalder Burg.

Dauer: Etwa eineinhalb Stunden (ohne Museumsbesuch).

Anfahrt: Mit der Straßenbahn Linie 25 von München bis zur Endstation in Grünwald oder mit der S-Bahn Linie 7 bis Höllriegelskreuth (jeweils etwas längerer Anmarsch); mit dem Auto bis zu einem Parkplatz am südlichen Ortsende gegenüber dem Friedhof.

Wegbeschreibung: Eine Wandertafel am Parkplatz zeigt den schönsten Weg: geradeaus bis zum Isar-Steilufer, dann links nach Süden solange an der Hangkante entlang, bis man auf einem Bergsporn auf die (in ihrer heutigen Form von einer mittelalterlichen Turmhügelburg stammenden) Wälle der Schanze trifft (etwa 30 Minuten); die römischen Mauerreste wurden unter dem Wall hinter dem tiefen Doppelgraben gefunden. Wer will, kann jetzt der Hangkante weiter folgen und dann auf einem Hohlweg zur Isar absteigen (Georgenstein).

Besonderheiten: Römermuseum Mittwoch bis Sonntag von 10 bis 16.30 Uhr geöffnet; Montag, Dienstag und im Winter (von 1. Dezember bis 14. März) geschlossen. Wechselnd interessante Sonderausstellungen. Wanderung kann mit Tour 16 zu einem Tagesmarsch kombiniert werden.

Vor 1600 Jahren: Der Lorenzberg bei Epfach

Das Ende der Antike im spätrömischen „Abodiacum"

Um 400 nach Christus ging im Alpenvorland die Antike zu Ende. Die letzten regulären römischen Truppen wurden nach Italien zum Schutz des Kernlandes des inzwischen christlichen Römischen Reichs zurückgerufen. Die romanisierte Bevölkerung, die Schutz hinter den noch immer mächtigen Mauern der Garnisonsorte gesucht hatte, überließen die Kaiser ihrem Schicksal – und damit den neuen Herren, den Germanen. Auf dem Lorenzberg bei Epfach südlich von Landsberg am Lech sind Archäologen auf Spuren aus den letzten Tagen des Imperium Romanum gestoßen.

Nein, geheuer sind sie Lucius Valerius nicht, diese blonden Hünen, mit denen man sich kaum auf Lateinisch unterhalten kann. Da haben erst vor ein paar Jahren die Alamannen die kleine Hügelsiedlung in der Lechschleife niedergebrannt; und jetzt sind sogar germanische Hilfstruppen zur Verteidigung des Orts ab-

kommandiert worden. Und das ist noch nicht alles: Vor ein paar Tagen erst sind merkwürdige, dunkelhäutige Reiter vorbeigekommen. Merkwürdig waren die weiten, wallenden Gewänder, die sie trugen; noch merkwürdiger waren die langbeinigen Höckertiere, auf denen sie ritten – am merkwürdigsten aber war, dass sich die Fremden als römische Soldaten bezeichneten ... und vom Festungskommandanten auch so behandelt wurden. Am Abend saßen sie abseits von den übrigen, ohnehin schon bunt zusammengewürfelten Bewohnern der kleinen, befestigten Stadt um ein Feuer und sangen in einer fremden, kehligen Sprache Lieder, deren Melodien so sehr nach Heimweh klangen, dass es Lucius fast die Kehle zuschnürte.

Ja, auch er hat so etwas wie Heimweh, nach dem Süden, nach Rom, obwohl er noch nie jenseits der Alpen gewesen ist. Lucius fühlt sich ganz und gar als Römer. Sein Großvater Valerius Sambarra, ein weit gereister Offizier, hat ihm früher viel von Rom erzählt: von den prächtigen Straßen und vielstöckigen Mietshäusern, vom Forum, den Palästen und Tempeln. Das klang so ganz anders als das, was Lucius seither erlebt hat. Hier, in der Grenzprovinz Raetien, sind die Straßen inzwischen holprig, schmal und verdreckt. Die Häuser, in denen Lucius aufgewachsen ist, in denen er seither gelebt hat, sind alle nicht viel besser gewesen als die windschiefe, strohgedeckte Hütte, in der er

*jetzt wohnt. Allerdings lebt auch der Festungs-
kommandant kaum komfortabler – einen Palast
kann man seine Behausung direkt neben einem
der neu errichteten Magazingebäude jedenfalls
nicht gerade nennen. Und Tempel gibt es auch
nicht mehr – der neue Kult der Christen mit
ihrem einzigen Gott hat die vielen alten Götter abgelöst. Noch Lucius' Großvater, Valerius
Sambarra, hatte nach einem Sieg über die Barbaren der Göttin Victoria einen Altar gestiftet.
Doch das ist lange her; heute würde es niemand
mehr wagen, sich öffentlich zu den Göttern des
alten Rom zu bekennen. An manchen heiligen
Tagen freilich schleicht sich Lucius zusammen
mit anderen Menschen, die den Glauben an die
Macht der alten Götter noch nicht völlig verloren haben, heimlich aus der Festung, um drüben, am anderen Ufer der Lica, geschützt vom
Dickicht des Waldes die von den Großvätern
überkommenen Riten zu vollziehen. Doch die
Götter geben keine Antwort mehr; dem Römischen Reich, dessen Kaiser sich von ihnen abge-
wandt haben, scheinen sie ihre Gnade entzogen
zu haben. Und mir auch, denkt Lucius.*

*Seit Monaten hat er keine rechte Arbeit mehr
bekommen. Draußen, vor den Mauern der Festung, bestellt er mit der Hand einen kleinen
Acker, um wenigstens das Notwendigste zum
Leben zu haben. Hin und wieder kann er auch
ein bisschen im Haus des Festungskommandanten mitarbeiten. Trostlos ist dieses Leben.*

Und dazu kommt die ständige Angst vor erneu-
ten Überfällen der Barbaren. Wo soll das noch
hinführen mit dem Imperium, denkt sich Lu-
cius. Aber vielleicht wird ja der Kaiser bei sei-
nem Besuch sagen, wie es weitergehen soll. Auf
seinem Zug gegen die germanischen Quaden
im Osten wird Valentinianus, das haben Bo-
ten gemeldet, auch nach Abodiacum kommen.
Vielleicht, hofft Lucius, kann ich mich seinem
Tross anschließen. Und vielleicht, ja vielleicht,
werde ich dann doch eines Tages Rom sehen ...

Der Ort Epfach am Lech, in dem unsere letzte Episode aus der Römerzeit spielt, blickt auf
eine 2000-jährige Geschichte zurück. Und tut
dies mit sichtlichem Stolz: Ein nachgebildeter
römischer Meilenstein, Informationstafeln und
ein Miniaturmuseum lassen die römische Vergangenheit „Abodiacums" lebendig werden.
Als Kreuzungspunkt zweier wichtiger Fernstra-

ßen (der Via Claudia von Augsburg nach Italien und der Strecke Kempten-Salzburg) war dem Ort an der Lechschleife während der gesamten Kaiserzeit große Bedeutung zugekommen.

In spätrömischer Zeit hatte sich die Bevölkerung in den Schutz eines mauerbewerten Hügels zurückgezogen. Im Alpenvorland entstanden allerorts befestigte Siedlungen; die einst mächtigen Römer waren selbst zu Belagerten geworden. Die Angst vor den Germanen saß tief und war begründet. Und selbst dicke Mauern waren als Schutz nicht immer ausreichend: Archäologen konnten nachweisen, dass um die Mitte des 4. Jahrhunderts die Siedlung auf dem Epfacher Lorenzberg niederbrannte. Bei den Kämpfen standen jetzt oft genug Germanen gegen Germanen. Manche der Eindringlinge aus dem Norden begaben sich gegen Siedlungsrecht nämlich gern in römische Dienste; und das Imperium wusste die Kampfkraft der Barbarenkrieger zu nutzen, gegen deren eigene Verwandte und bei Kämpfen im Inneren. Aus einem dieser Bürgerkriege war zu Beginn des 4. Jahrhunderts der Offizier Constantinus als Sieger hervorgegangen. Und er, später Konstantin der Große genannt, hatte einen seiner Rivalen (so will es die Legende) „im Zeichen des Kreuzes" bezwungen und im darauffolgenden Jahr dem Reich die Religionsfreiheit gegeben. Das alte Imperium Romanum verwandelte sich in ein christliches Kaiserreich. Die noch wenige Jahre zuvor blutig verfolgte Kirche wurde zur Stütze des Staates. 391 wurden alle heidnischen Kulte verboten. Im Verlauf der innerrömischen Auseinandersetzungen des 4. Jahrhunderts wurde auch eine Garnison auf den Lorenzberg verlegt. Wahrscheinlich waren darunter sogar Soldaten aus dem Orient: Archäologen fanden nämlich Kamelknochen in Epfach! Bald nach dem Jahr 400 wurden die letzten regulären Truppen nach Italien zurückbeordert. Rom überließ die Menschen in Rätien ihrem Schicksal.

Antike Festung am Ufer des Lech

Auf dem Lorenzberg in der Lechschleife bei Epfach indes sind offenbar sogar noch um das Jahr 400 größere Baumaßnahmen durchgeführt worden. Archäologen konnten die Grundmauern eines großen Magazingebäudes und einer kleinen Kirche nachweisen. Noch heute krönt eine Kapelle den baumbestandenen Lorenzberg. Die Wehrmauern der antiken Festung allerdings wurden vor (in historischen Dimensionen) gar nicht allzu langer Zeit abgetragen: 1830 wurden sie auf Abbruch verkauft – um damit erste Ausgrabungen auf dem Lorenzberg zu finanzieren. An seinem Nordwestende steht eine Informationstafel über die historische Bedeutung des Lorenzbergs. Hier beginnt auch der kurze Aufstieg zur spätrömischen Festung. Oben, wo einst römische Torwächter nach feindlichen Barbaren Ausschau hielten, sind zwei Römersteine aufgerichtet. Sie erzählen heute als stumme Zeugen vom Ende der Antike in Rätien ... Wer die Relikte der Antike zum Sprechen bringen will, sollte das kleine, immer geöffnete Museum in der Ortsmitte von Epfach besuchen. Hier wird anhand anschaulicher Modelle die Geschichte des Lorenzbergs und seiner antiken Bewohner erzählt.

Sankt Lorenz

Römersteine

Mühlau

Lech-staustufe 10

Lech

Epfach

Römermuseum

Meilenstein

Besichtigungsziel: Spätrömische Wehrsiedlung und kleines Museum in der 2000-jährigen Gemeinde Epfach („Abodiacum").

Dauer: Etwa eineinhalb Stunden.

Anfahrt: Mit dem Zug über Kaufering (umsteigen) nach Landsberg am Lech, weiter mit RVO-Bus 9824 nach Epfach; mit dem Pkw über die Autobahn München-Lindau; über Landsberg Richtung Schongau nach Epfach (B17, die alte Via Claudia); Auto in der Ortsmitte beim Römermuseum abstellen.

Wegbeschreibung: Vom Museum durch den Ort Richtung Südosten zum Lech; am linken Ufer der Lechschleife folgen, bis man vor dem Südhang des Lorenzberges steht; hinauf zur Kapelle; vorbei an behauenen Römersteinen zum Nordfuß des Berges (Infotafel); zurückblickend sieht man die Gruben und Bodenwellen, die den Verlauf der 1830 abgebrochenen Wehrmauer markieren; zurück zum Ort; etwa 50 Meter nördlich des Museums Nachbildung eines römischen Meilensteins.

Besonderheiten: Informationstafeln. Freier Eintritt ins Museum „Abodiacum" in der Ortsmitte.

Weiterer Ausflug:
„Pons Aeni" am Inn: Den Weihealtar des Valerius Sambarra an die Siegesgöttin gibt es tatsächlich. Er steht in der Vorhalle der Pfarrkirche von Prutting, östlich von Rosenheim. Die Inschrift auf dem schön verzierten Altarstein berichtet von einer für die Römer siegreichen Schlacht am 27. Juni 310.

Vor 1300 Jahren: Tödlicher Justizirrtum in Kleinhelfendorf

Auf den Spuren bajuwarischer Herzöge und Heiliger

Mit dem Ende des Römischen Reichs begann in Südbayern ein dunkles Zeitalter. Für Jahrhunderte fehlen schriftliche Quellen fast vollständig. Als sich der Nebel der Völkerwanderungszeit wieder lichtet, haben die Bajuwaren das noch heute nach ihnen benannte Land in ihrem Besitz; sie werden regiert vom Herzogsgeschlecht der Agilolfinger. Diese Familie wird um das Jahr 700 in einen Justizmord verstrickt. Das Opfer: ein Bischof und Heiliger. Der Ort: Kleinhelfendorf.

Herzöge und Herzogskinder, Bischöfe – und Bischofskinder? Gerechtes Urteil oder Justizirrtum? Hinrichtung oder Mord? Chrodulf schwirrt der Kopf: In was für eine Geschichte ist er da hineingeraten ... Vor einer Woche hat die schier unglaubliche Botschaft den Herzogshof in Radaspona erreicht: Bischof Haimhram ist auf der Reise nach Italien getötet worden, und zwar von Lantpert, dem Sohn Herzog

Theodos. Damit aber nicht genug: Angeblich sei der fromme Mann der Vater des Kindes, das Herzogstochter Uta erwartet! Was ist tatsächlich passiert, am Herzogshof in der alten Römerfestung und in der kleinen Straßenstation auf dem Weg nach Süden?

„Chrodulf, du musst nach Helphindorf", hat Herzog Theodo zu ihm gesagt. Und der bajuwarische Krieger hat sich auf den Weg gemacht. Seit zwei Tagen ist er jetzt hier, hat sich in der Herberge einquartiert, in der auch Haimhram gewohnt hatte, und hat begonnen, Augenzeugen zu befragen. Und das ist ihm berichtet worden: Ja, der Bischof habe hier Station gemacht. Dann seien Reiter aus Norden gekommen, fünf oder sechs. Einer von ihnen habe sich als Lantpert, der Bruder der schwangeren Herzogstochter, zu erkennen gegeben und den Kirchenmann beschuldigt, der Kindsvater zu sein. Der habe das – so zumindest haben die Zeugen berichtet – auch gar nicht bestritten.

Chrodulf kann das nicht glauben: Er hat den Mann aus Südgallien selbst gut gekannt. Bischof Haimhram und ein uneheliches Kind? Alles, nur das nicht, denkt Chrodulf. Vielleicht, kombiniert er weiter, haben die Augenzeugen (und wohl auch Lantpert, der bei Hof ohnehin nicht als der intelligenteste unter den Herzogssprösslingen gilt) den etwas verqueren südfränkischen Dialekt des Bischofs nicht richtig verstanden. Für den frommen Mann jedenfalls hatte das fatale Folgen: Wie entfesselt sei Lantpert auf einen Stein gesprungen (auch den hat sich Chrodulf zeigen lassen) und habe von dort aus sein „Urteil" verkündet: Der Schänder seiner Schwester müsse getötet werden, jetzt, hier, auf der Stelle. Die Männer aus seinem Gefolge hätten den Befehl sofort ausgeführt und Haimhram auf eine Leiter (andere Zeugen wollen sich an einen großen Findling erinnern) gelegt. Dort sei der Bischof ausgezogen und – der kampferprobte Krieger Chrodulf kann sich die Szene nur mit Schaudern vorstellen – buchstäblich in Stücke geschnitten worden. Ohren und Nase habe man ihm abgetrennt, berichten Zeugen. Und andere wissen noch mehr grausige Details: Die Folterer hätten dem Bischof auch die Augen und die Zunge herausgerissen. Lantpert und seine Henkersknechte hätten ihr Opfer einfach liegengelassen und seien, blutbespritzt wie sie waren, davongeritten.

Nach diesen Schilderungen ist Chrodulf froh, dass er die Leiche nicht mehr begutachten kann. Der sterbende Bischof sei, haben Bauern berichtet, von seinen Anhängern auf einen Ochsenkarren gelegt und fortgeschafft worden. Wohin? Keine Ahnung, jedenfalls sei der Zug auf der alten Römerstraße nach Nordwesten verschwunden. Zurückgeblieben seien die abgeschnittenen Gliedmaßen des Geschundenen, die die abergläubischen Helphindorfer (nach dem Warum möchte Chrodulf lieber nicht fra-

Tödlicher Justizirrtum in Kleinhelfendorf

gen) unter einer Hecke versteckt haben. Doch da hat Chrodulf sie nicht mehr gefunden. Zwei Reiter seien nämlich gekommen und hätten die Überreste des frommen Märtyrers mit sich genommen, erzählen die Dorfbewohner.

Mysteriös, denkt Chrodulf. Wie die ganze Geschichte. Kann sich Bischof Haimrham wirklich so sehr vergessen haben? Wenn er aber nicht der Kindsvater war, warum hat er sich gegen die Anschuldigungen nicht verteidigt? Und, auf der anderen Seite, warum hat man ihn nicht vor ein ordentliches Gericht gestellt – in Rom etwa, wie es Haimhram selbst angeboten haben soll. Irgend etwas stimmt nicht, denkt sich Chrodulf. Was, das werde ich noch herausbekommen.

Wochen später: „Schicken wir sie doch nach Italien!" Chrodulf ist froh, dass Herzog Theodo diesen Satz sagt. Italien – das ist es: Dort haben schließlich schon einmal Agilolfinger-Sprösslinge ihr Glück gemacht; warum also nicht auch Uta und Lantpert. Außerdem, so ist zu hoffen, wird sich die Kunde von der pikant-peinlichen Affäre mit anschließendem Bischofsmord noch nicht bis dorthin herumgesprochen haben. Denn dass es ein Mord war, steht jetzt fest – dank der hartnäckigen Ermittlungen Chrodulfs. Allein deshalb ist er schon froh, dass der impulsive und rachsüchtige Lantpert vom Hof entfernt wird. Nach Regensburg zurückgebracht wurde dagegen der Leichnam des Kirchenmannes. In

Tödlicher Justizirrtum in Kleinhelfendorf

der Kirche von Aschheim – auf dem Weg dorthin war der grausam Verstümmelte gestorben – hat man nach mehrwöchiger Suche sein Grab entdeckt, den Toten exhumiert und über Isar und Donau nach Radaspona gebracht. Dort ist der Märtyrer feierlich in der Georgskirche beigesetzt worden. In Helphindorf aber, so ist Chrodulf von Gewährsleuten berichtet worden, sollen sich am Marterort des frommen Mannes bereits die ersten Wunder ereignet haben ...

Wir haben unseren Fahnder Chrodulf in einer Zeit angesiedelt, in der sich die Grundlagen des mittelalterlichen Bayern herausbildeten. 150 Jahre zuvor hatte sich aus germanischen Stammessplittern der Völkerwanderung aus im Lande gebliebenen Römern und romanisierten Kelten der neue Stamm der Bajuwaren gebildet. Regiert wurden die Bajuwaren vom Herzogsgeschlecht der Agilolfinger, einer Sippschaft, der abwechselnd burgundische, thüringische, langobardische und – am wahrscheinlichsten – fränkische Abstammung zugeschrieben wird. Der neue Stamm war nämlich schnell in ein Abhängigkeitsverhältnis vom Frankenreich geraten. Dass gerade die Agilolfinger der Zeit um 700 relativ selbständig schalten und walten konnten, lag an der inneren Schwäche des Franken-Imperiums in diesen Jahren. Insbesondere zum Langobardenreich in Italien, das zu dieser Zeit von einer agilolfingischen Nebenlinie regiert wurde, unterhielten die Bayern beste Beziehungen.

Knapp hundert Jahre nach den in unserer Episode geschilderten blutigen Ereignissen von Kleinhelfendorf (Landkreis München) enthüllte Bischof Arbeo von Freising in einer Biographie des Heiligen Emmeram (Haimhram), was den frommen Mann ins Martyrium getrieben hatte. Es war offenbar die Sorge um sein Beichtkind – Herzogstochter Uta eben. Diese hatte ihre folgenreiche Mesalliance mit einem jungen, aber wohl nicht standesgemäßen Bajuwaren gebeichtet. Bischof Emmeram hatte daraufhin angeregt, sie möge doch ihn, den Bischof, als Kindsvater angeben. Er wollte sich, zumindest bis der Sturm vorüber wäre, auf Pilgerreise nach Rom begeben. So zumindest schildert Arbeo den Fall. Von ihm stammen auch die grausigen Details des in unserer Geschichte geschilderten Emmerams-Martyriums.

Wer heute Arbeos Heiligenvita liest, dem geht es über weite Strecken wie unserem frühmittelalterlichen Kommissar Chrodulf: Es passt alles irgendwie nicht so richtig zusammen. Emmerams Martyrium soll nämlich bereits im Jahre 652 stattgefunden haben, aus dieser Zeit ist aber kein Herzog Theodo überliefert.

Den gab es zwar, er regierte aber etwa von 680 bis 717. Kinder hatte dieser historische Theodo auch: nämlich Theodebert Theodoald, Grimoald und Tassilo; ein Lantpert und eine

Uta werden aber nur in einigermaßen zweifel-
haften historischen Quellen genannt. Und die
Geschichte mit der unsterblich in einen armen
Ritter verliebten Herzogstochter hört sich weniger nach wirklicher Historie denn nach einem
pikant gewürzten Histörchen an. So weiß die
Geschichtswissenschaft in diesem Fall eigentlich nur, dass sie nicht viel weiß: Irgendwann
kurz vor dem Jahr 700 erlitt im Herzogtum
Bayern ein aus dem Frankenreich stammender
Missionsbischof Emmeram das Martyrium.

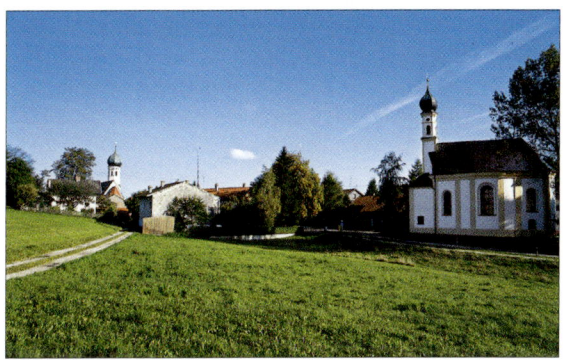

Spurensuche am Tatort

Was ist Legende, was historische Wahrheit?
Folgen wir den Spuren unseres fiktiven Fahn-
ders Chrodulf nach Kleinhelfendorf im Land-

kreis München. Auf den ersten Blick ein Bauerndorf wie viele andere in Oberbayern. Einige Bauernhöfe, ein Wirtshaus gruppieren sich um die Pfarrkirche mit ihrem Zwiebelturm.

Dann die erste Besonderheit: Das Dorf besitzt eine zweite Kirche am westlichen Ortsrand. Man öffnet die Tür zu dem Barockbau – und steht, nur durch ein Gitter von ihm getrennt, vor Bischof Emmeram in der Stunde seines Martyriums. Der Heilige liegt auf einer Leiter auf einem Findling, dem „Marterstein"; vier Folterknechte schinden seinen Körper mit Messern und Äxten. Die realistischen, lebensgroßen Holzfiguren stammen aus dem Jahr 1789. Vor dem Kirchenportal stößt man auf eine kleine Kapelle. Hier sollen die abgeschlagenen Gliedmaßen des Wanderbischofs versteckt gewesen sein, ehe sie von den geheimnisvollen Reitern mitgenommen wurden.

Ein Feldweg, der von Nordwesten kommend auf den Ort zuführt, ist Überrest einer einst bedeutenden Fernverbindung – der Römerstraße von Augsburg nach Salzburg (vgl. Kapitel 9). Wissenschaftler vermuten im Raum Helfendorf die römische Straßenstation „Isinisca". Freilich sind die bislang in und um Helfendorf gemachten Funde aus der Römerzeit noch etwas dürftig: ein paar Scherben, einige Münzen, zwei Fibeln (Gewandspangen). Die römische Ost-West-Verbindung wurde bei Helfendorf von einer Nord-Süd-Trasse gekreuzt.

Tödlicher Justizirrtum in Kleinhelfendorf

Auf dieser Römerstraße, die offensichtlich im Frühmittelalter noch immer rege benutzt wurde, könnte Emmeram seinen erfolglosen Fluchtversuch von Regensburg Richtung Italien unternommen haben. Auf derselben Straße aber näherten sich auch seine Verfolger.

Den Stein, von dem aus Herzogsohn Lantpert sein Todesurteil über den Bischof gesprochen haben soll, gibt es auch noch. Er ragt unweit der Pfarrkirche zwischen dem Wirtshaus und einem Bauernhof aus dem Asphalt, wahrscheinlich ein Trittstein, der Berittenen das Auf- und Absteigen erleichtern sollte. Gleich daneben die Emmeramsquelle, aus der der Heilige bei seiner Rast getrunken haben soll. Im 17. Jahrhundert wurde über der Quelle eine Brunnenkapelle errichtet, das Wasser galt als heilig und damit heilkräftig, es soll gegen Augenkrankheiten und Fieber helfen. Heilige Steine, eine heilige Quelle, das alles an einem alten Römerort; dazu noch die merkwürdige Geschichte vom abergläubischen Umgang der Ur-Helfendorfer mit den abgeschlagenen Gliedmaßen des Heiligen und vom Auftreten der zwei mysteriösen Reiter – der Verdacht auf ältere, auf vorchristliche Wurzeln dieses heiligen Ortes liegt nahe. Beweisen lässt sich nicht alles an diesem Ort, der so mit sakralen und historischen Geheimnissen verwoben ist; vermuten hingegen vieles. Und so geht es dem modernen Besucher Kleinhelfendorfs nicht viel anders als seinem frühmittelalterlichen Vorgänger Chrodulf.

Brunnenkapelle

Römerstraße

Heiligtum?

Göggenhofen

Großhelfendorf

Marterkapelle und Bildstock

Peiß

nach München

Tödlicher Justizirrtum in Kleinhelfendorf

Besichtigungsziel: Heilige Quelle, Kapellen und andere Orte aus der frühmittelalterlichen Emmerams-Legende.

Dauer: Rundgang durch den Ort mit Besichtigung etwa eine Stunde; dazu Anmarsch (etwa 25 Minuten) bzw. Anfahrt vom S-Bahnhof.

Anfahrt: Mit der S-Bahn-Linie 6 zum Bahnhof Großhelfendorf; mit dem Pkw von München über die Autobahn A8 bis zur Ausfahrt Hofoldinger Forst, über Hofolding und Aying nach Groß- bzw. Kleinhelfendorf.

Wegbeschreibung: Vom S-Bahnhof kurz rechts, dann links hinauf zum Ort Großhelfendorf; dort die Rosenheimer Straße überqueren, aber nicht der Ausschilderung nach Kleinhelfendorf, sondern der nach Heimatshofen folgen; wenige Meter nach den letzten Häusern von Großhelfendorf führt rechts ein Feldweg nach Kleinhelfendorf – es ist der letzte Rest der alten Römerstraße; in Kleinhelfendorf auf der Ortsstraße nach links weiter; linker Hand am Hang die Wälle des vielleicht vorchristlichen Heiligtums (möglicherweise handelt es sich aber auch um die Reste eines mittelalterlichen Turmhügels zur Überwachung der Straße); wo die Straße zwischen einem Bauernhof und der Gastwirtschaft nach rechts abbiegt, steht am Hangfuß die Brunnenkapelle; gegenüber der „Gerichtsstein"; weiter zur Pfarrkirche und – den Rundgang durch das Dorf vollendend – zur Marterkapelle am westlichen Ortsrand mit dem Marterstein und der Figurengruppe; neben der Kapelle an dem Platz, an dem der Legende nach Emmerams Gliedmaßen versteckt gewesen sein sollen, Bildstock mit der Emmerams-Legende; über Großhelfendorf zurück zur S-Bahn.

Vor 1300 Jahren: Sankt Marinus am Irschenberg

Frühe christliche Glaubensboten und alte heidnische Kulte

Obwohl das heutige Oberbayern schon vor 1300 Jahren offiziell „gut katholisch" war, lebten im Glauben des einfachen Volkes noch immer vorchristliche Überlieferungen fort. Die alte mit der neuen Lehre auszusöhnen und so zu missionieren, hatten sich Wandermönche zum Ziel gesetzt. Zumeist stammten sie aus keltischen Ländern – und waren vielleicht deshalb gerade in Bayern so erfolgreich. Einer dieser Missionare, Marinus, lebte und starb am Irschenberg.

Urso kann sich nicht genug wundern über den Fremden, der vor wenigen Tagen im Dorf aufgetaucht ist: ein hochgewachsener, hagerer Mann mit langem Haar, braunem Bart und wallenden Gewändern. Das Merkwürdigste an ihm sind seine schwarzblau geschminkten Augen. Er spricht nicht viel, und das wenige, was er spricht, ist in einem Dialekt, der wohl Anklänge an die raue Sprache der Bewohner des Voralpenlandes hat, den er aber gleichwohl nur bruchstückhaft versteht. Umso besser versteht er die Taten des Fremden: Droben auf dem Hügel, mit Blick auf die mächtige Kette der Berge, baut er eine hölzerne Hütte. Doch es ist nicht nur eine Hütte (äußerlich unterscheidet sie sich kaum von den armseligen Behausungen der Bauern) – es ist eine Demonstration. Eine Demonstration, dass der Gott des fremden Mannes endgültig an die Stelle der alten Götter zu treten gedenkt. Das verstehen die Dorfbewohner rasch. Denn der Platz, an dem der Fremde – Marinus heißt er – seine Hütte baut, ist seit Urzeiten heiliger Boden.

Dort, zwischen den mächtigen, verknorpelten Bäumen und an der Quelle, die ein Stück hangabwärts entspringt, haben Ursos Vorfahren seit Jahrhunderten zu ihren Göttern gebetet, haben Opfergaben hineingeworfen. Und jetzt ist dieser Fremde gekommen. Aber das Merkwürdige ist: Er befiehlt ihnen nicht, ihren Göttern abzuschwören, er erzählt von seinem Gott. Wo die Sprache nicht ausreicht, tut er das mit Zeichen und Gesten. Und er versteht ihre alten Sitten und Gebräuche. Vielleicht kennt er sie ja aus seiner Heimat? Gerade vollzieht der Fremde ein magisches Ritual, das die Dorfbewohner nur zu gut kennen: Seinen Ring wirft Marinus in die heilige Quelle. Aber was tut er jetzt? Mit dem heiligen Wasser besprengt er all diejenigen, die ihm zu verstehen geben, dass auch sie an seinen Gott glauben wollen. Urso ist unter ihnen.

Sankt Marinus am Irschenberg

Plötzlich unterbricht ein Schreckensruf den feierlichen Ritus: „Die Barbaren kommen!" Und da sind sie auch schon, wilde Krieger, denen nichts heilig ist, die es auf Raub und Plünderung abgesehen haben. Entsetzt rennen die Dorfbewohner davon, versuchen, Schutz im nahe gelegenen Dickicht des Waldes zu finden. Nur einer bleibt unerschütterlich bei der Quelle stehen: Marinus. Das letzte, was Urso von dem heiligen Mann sieht, ist, wie dieser ganz langsam niederkniet; ein Angreifer mit erhobener Axt stürmt auf ihn zu ...

Als sich die Dorfbewohner wieder aus ihren Verstecken wagen, ist Marinus tot, ermordet von den Barbaren. Ein Bote bricht auf zu Marinus' Gefährten Anianus, der auf der anderen Talseite wohnt. Es dauert nicht lange, und der Bote kehrt zurück – mit einer weiteren Schreckensnachricht: Er habe, berichtete er, Anianus gefunden, wie schlafend, den Kopf auf einen dieser alten heiligen Steine gebettet, ein zufriedenes Lächeln auf dem Gesicht – aber tot. Offenbar war er zur selben Stunde wie sein Gefährte von seinem Gott zu sich gerufen worden.

Urso ist selbst dabei, als die sterblichen Überreste der beiden heiligen Männer begraben werden. Er schwört sich und seinem neuen Gott, das Grab der beiden zu pflegen. Und die Erinnerung an die Heiligen vom Irschenberg lebendig zu halten. Wenn ich einmal Enkel habe, denkt er sich und blickt dabei über den flachen Grabhügel hinweg zwischen den alten, knorrigen Bäume hindurch zu den Bergen, werde ich ihnen von Marinus und Anianus erzählen. Dabei weiß ich nicht einmal, woher die beiden heiligen Männer gekommen sind.

Der modernen Forschung geht es nicht viel anders. Die Herkunft der Irschenberg-Heiligen Marinus und Anianus ist noch immer ungeklärt. Während die einen aufgrund der Namen an eine südfranzösische Herkunft denken, hält sich daneben noch immer die Auffassung, Marinus und Anianus seien irische Wandermönche (so genannte „Scoten") gewesen. Dieser Theorie sind wir bei der Schilderung des Aussehens des Heiligen Marinus gefolgt. Weitergedacht würde das bedeuten: Die beiden Heiligen wären Kelten gewesen – und ein kräftiger Schuss keltischen Blutes war sicher auch bei den Bewohnern des Irschenbergs noch vorhanden.

Das würde die Akzeptanz erklären, auf die Marinus und Anianus (wie viele andere iroschottische Wandermönche als christliche Nachfahren der keltischen Druiden auch) gestoßen sind. Doch: Gab es die beiden Heiligen überhaupt? Oder handelt es sich möglicherweise um eine fromme Legende ohne geschichtlichen Hintergrund? Man darf heute mit Sicherheit davon ausgehen: Marinus und Anianus sind historische Persönlichkeiten, Missionare, die offenbar im späten 7. Jahrhundert den Märtyrertod erlitten, deren Gebeine Mitte des 8. Jahrhunderts wiedergefunden und feierlich bestattet wurden.

Die beiden barocken Kirchen der Einöde Wilparting am Irschenberg kennen zahllose Italienreisende. Aus dem Auto schauen sie von der Höhe des Irschenbergs über die inmitten saftiggrüner Wiesen stehenden Sakralbauten auf die Kette der bayerischen Alpen mit dem beherrschenden Wendelstein: ein Inbegriff bayerischer Voralpenlandschaft. Ein kurzer Aufenthalt macht schnell deutlich, welche historischen Schichten auch an einem solchen, auf den ersten Blick „nur idyllischen" Ort zu entdecken sind.

Heilige Bäume, heilige Quellen

Der Irschenberg im Landkreis Miesbach liegt wie eine natürliche Aussichtskanzel im bayerischen Voralpenland. Zum Chiemsee (Bild Seite 146/147) ist es nicht mehr weit. Der Name „Irschenberg" geht auf eine römische Wurzel („ursus" = der Bär) zurück. Vor der Wilpartinger Kirche stehen mächtige Bäume, von denen behauptet wird, sie zeigten die Stelle eines Kult- oder Gerichtsplatzes an. Da sind die beiden Kirchen, die größere den Heiligen Marinus und Anianus geweiht und über der Begräbnisstätte der Märtyrer errichtet; die kleinere, achteckige Veitskapelle soll an der Stelle der Marinus-Zelle gebaut worden sein. Ausgrabungen haben gezeigt, dass beide Kirchen zumindest bis ins hohe Mittelalter zurückreichen – ein erster Sakralbau schon im 8. Jahrhundert ist indes nicht auszuschließen. Und da ist, ein Stück bergab bei einer Baumgruppe, die hölzerne, leider arg verfallene Brunnenkapelle des Marinibrünnls, der heiligen Quelle, in die Marinus seinen Ring geworfen haben soll, aus der möglicherweise die ersten Christen am Irschenberg getauft wurden. Leider ist die Quelle heute abgedeckt, die früher dem Wasser zugeschriebene Heilkraft allmählich in Vergessenheit geraten.

Im nahe gelegenen Weiler Alb steht die Anianus-Kirche. Auch dort entspringt eine heilige Quelle. Und auch dort steht eine kleine Kirche.

Sankt Marinus am Irschenberg

Die Bäuerin verwahrt den Schlüssel. In der romanischen, im Barock umgestalteten Kirche stößt man wie in Wilparting auf gemalte Szenen aus dem Leben der Heiligen. Und, hinter einem Gitter an der linken Seitenwand, auf einen merkwürdig geformten Stein, den „Gebets-" oder „Ruhestein" des Heiligen Anianus. Ein Tuffsteinbrocken mit einer schalenförmigen Vertiefung. Ein „steinerweichendes" Gebet? Ein Stein, der sich verformt haben soll, um dem heiligen Mann bequemer zu sein? Das macht stutzig – bekam hier ein uralter Steinkult vielleicht ein neues christliches Gewand?

Ein Stein als Ruhekissen: Anianus, der Begleiter des Marinus, betete und arbeitete auf der anderen Seite des Tals, in Alb. Damit er es bequemer hatte, soll sich nach der Legende der Stein verformt haben.

Irschenberg

H

nach
München

AB-Anschluss
Irschenberg

A8

Wölkam

nach
Salzburg

P

Marinuskirche
und -brunnen

Obermoos

Wilparting

Anianuskirche in Alb

Alb

500 m

N

Sankt Marinus am Irschenberg

Besichtigungsziel: Heilige Plätze, Quellen und Kapellen am Irschenberg.

Dauer: Zwei bis drei Stunden.

Anfahrt: Vom Münchner Hauptbahnhof mit dem Zug bis Miesbach, von dort mit RVO-Bus nach Irschenberg; mit dem Pkw auf der Autobahn München-Salzburg, Ausfahrt Irschenberg; zur Marinus-Kirche von Wilparting (ab Ausfahrt etwa zwei Kilometer).

Wegbeschreibung: Kirchenbesichtigung; dann hangabwärts nach Osten zur hölzernen Brunnenkapelle; zurück zur Kirche und (nach links) über Wiesen nach Süden (Fußsteig nach Alb); jenseits des Tals hinauf nach Alb (Anianus-Kirche in einem Bauernhof); auf demselben Weg wieder zurück.

Weiterer Ausflug:
Weihenlinden: Einige Kilometer nördlich von Wilparting, in Weihenlinden, stoßen wir wieder auf die Kombination heilige Quelle/alte Bäume; früher gab es hier außerdem eine „Martersäule" und vorgeschichtliche Grabhügel. Alte Aufzeichnungen berichten, dort sei „von uralten Zeiten her ein engefangener Grundt gewest, worin zwei große Lindten und eine gemaurte Martersäul gestanden", nebst „drei erhöhten Bichelein". Hier stellte man während des Dreißigjährigen Krieges eine Marienfigur auf. Später begann man, eine Kirche zu bauen. Man erreicht Weihenlinden vom Irschenberg aus mit dem Auto über die Orte Irschenberg, Götting, Bruckmühl.

Vor 1200 Jahren: Der Karlsberg im Mühltal

Geschichte und Geschichten um Karl den Großen

Bayerische Unabhängigkeitsbestrebungen gab es schon vor 1200 Jahren. Damals endeten sie mit der Niederlage der Agilolfinger. Der letzte Herzog, Tassilo, wurde abgesetzt und ins Kloster gesteckt. Er hatte sich bei der Wahl seines Gegners offensichtlich übernommen: Dieser nämlich war kein anderer als Karl der Große, der nachmalige Kaiser. Dabei soll auch er ein spätere Bayer gewesen sein – berichtet zumindest die Sage. Ihr zufolge hätte der große Kaiser im Starnberger Mühltal das Licht der Welt erblickt.

788 nach Christus. Rodbert besucht den Markt in der Villa regia Gauting. Ein Ferkel hat er dabei, das er verkaufen möchte. Gut genährt wie es ist von den Eicheln im herzoglichen Wald, wird es sicher einen guten Preis bringen. Dafür möchte Rodbert von einem der fahrenden Händler ein Stück Tuch kaufen. Die Kinder, denkt Rodbert, brauchen dringend etwas Neues zum Anziehen. Vor allem Rodulf.

Der 13-Jährige kommt vom Schweinehüten im Mühltal fast jedes Mal mit einem neuen Riss im Gewand nach Hause. Diesmal, hat Rodberts Frau Uta ihm mit auf dem Weg gegeben, hörst du, Rodbert, diesmal wirst du nicht wieder spielen und das ganze schöne Geld verlieren, droben, auf dem Markt der Villa regia.

„Na, Rodbert, wie wär's mit einem Spielchen?" Der Zuruf eines in bunte Stoffe nach der neuesten Mode gekleideten Mannes lässt Rodbert aus seinen Gedanken hochfahren. „Nein, Cuonrad, diesmal nicht, diesmal möchte ich Stoff kaufen …". – „Wirst doch nicht solide werden!?", spottet der Händler. Rodbert möchte schon weitergehen, als der Händler hinzufügt: „Freilich, wer mit zu hohem Einsatz spielt, kann auch alles verlieren. Wie euer Herzog Tassilo." Rodbert fährt herum: „Was ist mit Tassilo?". – „Sag bloß, du weißt es noch nicht? Tassilo ist nicht mehr Herzog." Und weil Rodbert auf diesen Satz hin aschfahl im Gesicht wird, fordert ihn der fränkische Händler auf, sich zu setzen; sogar einen Becher Wein bietet er dem Verstörten an. Und dann beginnt er zu erzählen: Er sei zufällig selbst in Ingelheim gewesen, als auf dem Reichstag das Unerhörte geschah. Der Agilolfinger entwaffnet, festgenommen, abgesetzt, angeklagt, zum Tode verurteilt, schließlich zu lebenslanger Klosterhaft begnadigt. Was man dem frommen Herzog vorgeworfen hat, wisse er, Cuonrad, freilich

*auch nicht. Er sei ja nur ein fahrender Händler,
Politik interessiere ihn eigentlich nicht. Nur das
Geschäft. Weil man schon dabei sei: Ob Rodbert nicht ... Das Ferkel wechselt seinen Besitzer; Rodbert ist so wenig bei der Sache, dass
er gar nicht merkt, dass ihn der Händler noch
mehr übers Ohr haut, als er es gewöhnlich
beim Spiel tut. Als das Ferkel schon am Spieß
brät, macht sich Rodbert auf den Heimweg.
Er ahnt, während er auf dem uralten Weg zu
seinem Hof in Luicilstat zurückwandert, dass
nichts bleiben wird, wie es war. Schon gar nicht
für ihn und seine Familie: Das Land, das sie be-
stellen, ist ... war herzogliches Land. Was Tas-
silos Absetzung bedeuten wird, darüber macht
sich Rodbert wenig Illusionen. Schon bald, da
ist er sich sicher, wird der Frankenkönig seine
Männer ausschicken, um überall in Bayern das
ehemalige Herzogsgut einzuziehen, eben auch
den Hof Luicilstat.*

Die Szene mit Rodbert hat uns noch einmal
in das Mühltal nördlich von Starnberg geführt.
Und die von ihm befürchtete Beschlagnahme
von Herzogsgut hat sich in den auf 788 folgenden Jahren tatsächlich häufiger abgespielt.
Warum also haben wir uns gerade den Hof
Luicilstat, das heutige Leutstetten, ausgesucht,
um unseren Bauern Rodbert mit der Nachricht
von Karls Machtübernahme zu konfrontie-
ren? Die Antwort gibt eine alte Sage: Sie weiß

nämlich zu berichten, dass Karl der Große im Mühltal geboren wurde – auf der Karlsburg bei Leutstetten oder etwas weiter nördlich auf der Reismühle. Was ist dran an dieser Geschichte, wann ist sie entstanden – und vor allem: warum? Über die Geburt Karls des Großen wissen die Historiker wenig zu sagen. Nicht einmal das Geburtsjahr konnte exakt ermittelt werden; zur Auswahl stehen die Daten 742, 743, 747 ... Völlig im Dunkeln ist der Geburtsort. Eine Sage verlegt ihn nach Oberbayern, vielleicht, weil Karls Tante mit einem Bayernherzog verheiratet war? Nun nehmen aber auch noch viele andere Orte für sich das Privileg in Anspruch, des Kaisers erste Heimat gewesen zu sein. Das ist kein Wunder: 1165 wurde der Frankenkaiser, der seine Gegner durchaus nicht mit christlicher Nächstenliebe zu behandeln pflegte, heilig gesprochen. Da die wahre Geburtsstätte des neuen Heiligen unbekannt war, konnten sich mehrere Orte um diese Ehre bewerben – und auf einträgliche Geschäfte mit möglichen Wallfahrern hoffen.

Beim Karlsberg kommt ein Zweites hinzu: Nur wenige Kilometer flussaufwärts liegt die Reismühle. Und auch in dieser Mühle soll nach einer Version der Sage Karl der Große geboren worden sein. Es handelt sich dabei um eine so genannte „Wandersage": Karls Geburt in einer Mühle wird auch von anderen Orten berichtet. Später, als man sich die Geburt eines Kaisers in

Der Karlsberg im Mühltal

einer Mühle nur mehr schwer vorstellen konnte, brauchte die Sage bloß ein paar Kilometer
im Würmtal nach Süden zu wandern, wo im
hohen und späten Mittelalter auf dem Karlsberg tatsächlich eine stolze Burg stand, und ein
standesgemäßer Geburtsort war gefunden.

Also alles nur erfunden? Immerhin stoßen
wir in der Umgebung des Karlsbergs auf einige
bemerkenswerte Indizien. Da ist zum Beispiel
auf der anderen Seite der Würm, gleich hinter dem S-Bahnhof Mühltal, der Forstbezirk
„Königswiesen" (vgl. Kapitel 7) – bereits in
einer Urkunde des 10. Jahrhundert als „regis
prata" als königlicher Besitz ausgewiesen. Eine
andere mittelalterliche Quelle berichtet von einer Schenkung der fränkischen Fürstin Kysila:

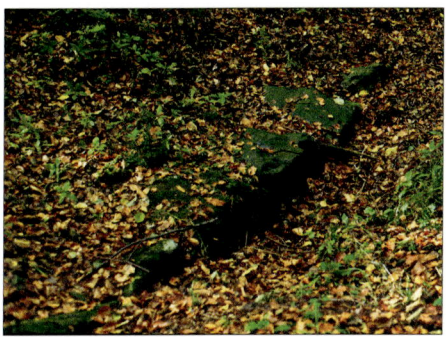

Königliche Reste? Man muss schon genau hin-
schauen, um die Mauern der einst mächtigen Karlsburg inmitten von Laub und Ästen zu entdecken.

Um 800 soll sie dem Kloster Benediktbeuern
die Orte Gauting, Leutstetten und Buchendorf
überschrieben haben. Kysila (oder Gisela) hie-
ßen eine Schwester und eine Tochter Karls des
Großen. Zusammengenommen bedeutet das:
Um 800 war der Karlsberg im Besitz der karolingischen Herrscherfamilie. Vermutlich hatte
sie Karl der Große im Jahr 788 seinem Vetter
Tassilo bei dessen Absetzung zusammen mit
der Herzogswürde abgenommen.

Aus welcher Zeit stammen dann aber die
Wälle und Gräben, wird derjenige fragen, der
mühsam das Plateau des Karlsbergs erklom-
men hat. Findige (und lokalpatriotische) Hei-
matforscher gaben darauf verschiedene und
immer weit in die Geschichte zurückgreifende
Antworten: Eine keltische Befestigung vermu-
teten manche, auch einen römischen Wachturm. Beweisen lässt sich beides nicht.

Mächtige Wälle, verborgen im Wald

Hoch über dem romantischen Mühltal nördlich des Starnberger Sees, verborgen im dichten
Mischwald, liegen tiefe Gräben und mächtige
Wälle, die unübersehbaren Spuren einer früheren Befestigungsanlage. Eine Hinweistafel an
der Würmtalstraße weist auf diese stummen
Zeugen der Geschichte hin. Ein schmaler Pfad
führt über die Südflanke des Karlsbergs hinauf

auf das bewaldete Burgplateau. Wie ein Tor öffnet sich eine Lücke im Wall und gibt den Blick frei auf die ehemalige Burg. Dies ist keine malerische Ruine, in der romantische Vorstellungen von edlen Rittern und Burgfräulein lebendig werden können. Hinter den von dichtem Grün überwucherten mittelalterlichen Bollwerken stößt der Besucher auf Fundamentgruben, auf spärliche, unter dichtem Laub verborgene Mauerreste. Als die Burg auf dem Karlsberg errichtet wurde, von der die heute sichtbaren Überreste stammen, war der große Kaiser Karl schon geraume Zeit tot. Erste historische Nachrichten über die Burg stammen aus dem 12. Jahrhundert. Schon damals gehörte sie den Wittelsbachern. Zwei von ihnen, Herzog Rudolf und König Ludwig („der Bayer"), einigten sich 1317 in einem Vertrag darauf, die Feste künftig nur noch als Jagdschloss zu verwenden. Schließlich verfiel die Burg.

Im 16. Jahrhundert ließ sie der Hofmarksherr von Leutstetten, Hans Urmiller, als Steinbruch ausbeuten. Das Schloss vom Karlsberg wanderte also – freilich nur etwa um einen Kilometer. In Leutstetten entstand aus den Quadern der Burg, die man für den Geburtsort Karls des Großen hielt, ein neues Schloss, das wiederum einige Jahrhunderte später bevorzugter Aufenthaltsort eines Wittelsbachers war: des letzten Königs von Bayern, Ludwigs III. Die real existierende Geschichte ist manchmal pointenreicher als jede Sage.

nach
München

Mühltal

Karlsberg

Leutstetten

Schloss Leutstetten

Einbettl

Würm

ehemaliger
S-Bahn-Haltepunkt
Mühltal

Der Karlsberg im Mühltal

Besichtigungsziel: Wälle und Gräben einer mittelalterlichen Burganlage, der Sage nach der Geburtsort Karls des Großen.

Dauer: Drei Stunden.

Anfahrt: Mit der S-Bahn-Linie 6 zum Bahnhof Gauting oder Starnberg-Nord; von dort aus längerer Anmarsch durchs Würmtal nach Leutstetten. Mit dem Auto über Starnberg oder Gauting.

Wegbeschreibung: Die parallel zur Würm verlaufende Straße Gauting-Starnberg überqueren; am gegenüberliegenden Hang einem Weg bergauf folgen; nach etwa 100 Metern biegt scharf links ein Pfad ab, der an der Südflanke des Burghügels hinauf zum Plateau führt; nach der Besichtigung wieder hinab zum Hauptweg; vorbei an riesigen Vorwällen der Karlsburg, bis man den Wald verlässt; in einer Senke auf freiem Feld zweigt rechts ein Weg ab, der zum Parkplatz der Schlossgaststätte Leutstetten führt; von Leutstetten (Schloss im Privatbesitz) zurück zur S-Bahn.

Besonderheiten: Wanderung kann mit Tour 7 zu einem historischen Tagesausflug kombiniert werden.

Vor 1100 Jahren:
Die Birg bei Schäftlarn

Eine Fliehburg aus der Zeit
der Ungarnkriege

Als vor 1100 Jahren die Macht der fränkischen Könige zusammenbrach, stießen neue Völkerschaften auf der Suche nach Land und Beute in das entstehende Vakuum. Im Südosten des zerbröckelnden karolingischen Riesenreichs, in Bayern, bedrohten die Magyaren, die Ungarn, wilde Reiternomaden aus den Steppen Asiens, Besitz und Leben der Bevölkerung. Diese zog sich hinter eigens errichtete Befestigungen, die so genannten „Ungarnwälle" zurück. Einer dieser Ungarnwälle hat sich hoch über dem Isartal unweit des Klosters Schäftlarn (Foto links) erhalten.

„De sagittis Ungarorum libera nos, Domine! – Befreie uns, Herr, von den Pfeilen der Ungarn!" Perhtolt hat das Gebet der Mönche noch im Ohr, als er den steilen Weg vom Kloster Peipinbach zur alten Burg hinaufsteigt. Vor einigen Monaten erst hat ein bayerisches Heer unter dem Oberbefehl Markgraf Liutpolds versucht, den fremden Kriegern auf ihren schnel-

len, struppigen Pferden Einhalt zu gebieten. Die Kunde von der Schlacht bei Preßburg ist danach wie ein Lauffeuer durch Bayern gegangen und hat so auch die Siedlungen am Fluss Isar erreicht: das bayerische Heer vernichtet, das Land schutzlos den Raubzügen der neuen Hunnen, der Ungarn, ausgeliefert.

Doch kaum hat die Nachricht von der Preßburger Katastrophe Sceftilari erreicht, da teilen die Mönche des Klosters ihren in der Umgebung wohnenden Bauern einen Plan mit: Eine Befestigung muss her! Perhtolt wird wie alle Familienvorstände zum Versammlungsplatz gerufen. Als Befestigung hat die hoch über dem Fluss gelegene alte Burg schon lange ausgedient. Doch als Ort für Gerichtstage oder – wie jetzt – für Versammlungen wird das umfriedete Bergplateau weiter genutzt. Einer der Mönche beginnt zu sprechen: „Die Ungarn sind Reiter. Sie kommen rasch, plündern, verschwinden wieder. Belagerungen sind ihre Sache nicht, um Befestigungen machen sie einen weiten Bogen." – „Schön und gut", ruft ein Siedler dazwischen, „aber wir haben keine Befestigung". – „Doch, wir haben eine", entgegnet der Vertreter des Klosters und macht mit seinen Armen eine weit ausholende Bewegung. „Die alte Burg wird unsere Befestigung sein." – „Und wird die Ungarn keine Stunde lang aufhalten", hält der Zwischenrufer mit Blick auf die bröckelnden Mauern dagegen. Beifälliges Gemurmel aus der Menge. Mit einer Handbewegung gebietet der Mann aus dem Kloster Schweigen. Und sagt dann mit ruhiger Stimme: „Wir werden aus dieser alten Burg eine neue Burg machen, an der sich diese berittenen Teufel die Zähne ausbeißen."

In den Tagen und Wochen seit jener Versammlung ist viel geschehen: Der mächtige Wall, der den Bergsporn vom Hinterland abtrennt, ist bereits mehr als vier Meter hoch. Und noch immer sind Arbeiter – Bauern und Mönche – dabei, ihn zu vergrößern. Vor dem Wall wird ein Doppelgraben ausgehoben – noch einmal so tief. Das Glanzstück der Befestigungsanlage aber liegt noch vor dem Wall und dem Graben: eine Abfolge von künstlichen Mulden und Hügeln. Hier ist Perhtolt zum Schaufeln eingeteilt. Zunächst hat er gar nicht begriffen, was er genau zu tun hat, und vor allem, warum. Dann ist der Bauaufseher gekommen, den die Mönche dank der weit gespannten Beziehungen der adligen Klostergründer engagieren konnten. Er hat ihm das Prinzip des Hindernisses erklärt: „Schau her, in der ersten Reihe nach dem Graben hast du die Abfolge Hügel, Mulde, Hügel, Mulde ... In der zweiten Reihe Mulde, Hügel, Mulde, Hügel ... Und immer so weiter, bis dort drüben zu dem kleinen Wall." Aha, hat Perhtolt gesagt, „und wofür soll das gut sein?" „Für alles mögliche", hat der Bauleiter geantwortet, „nur nicht für einen Galoppangriff be-

rittener Krieger ...". Da hat Perhtolt den Sinn der merkwürdigen Anlage begriffen. Und seitdem macht ihm die Arbeit richtig Freude. „Vor den Pfeilen der Ungarn beschütze uns, Herr." Mit Deiner Hilfe, o Herr, werden wir uns selbst beschützen können, denkt Perhtolt.

Noch heute, nach fast 1100 Jahren, beeindrucken die mächtigen Wälle und tiefen Gräben der „Birg", so heißt die frühmittelalterliche Befestigung bei Hohenschäftlarn, jeden Besucher. Fast 100 Meter tief bricht der Bergsporn zum Isartal hin ab. Nach der anderen Seite schirmt ein tiefgestaffeltes Verteidigungssystem die Birg von ihrem Hinterland ab. Man beginnt zu ahnen, wie groß die Furcht von Menschen war, die Derartiges erbauten. Furcht wovor?

Die Wende vom 9. zum 10. Jahrhundert war geprägt vom Zerfall des karolingischen Großreichs. Schwache Könige (in Frankreich regierte ein Herr namens Karl der Einfältige, im Ostreich, dem späteren Deutschland, ein entfernter Vetter, Ludwig das Kind genannt) hatten den Angriffen äußerer Feinde wenig bis gar nichts entgegenzusetzen. Und diese Feinde traten gerade in jenen Jahren um 900 massiv in Erscheinung: im Westen die Wikinger oder Normannen, im Osten die Ungarn.

Die Ungarn, sprachliche Verwandte der Finnen, hatten sich im Lauf ihrer langen Vorgeschichte durch intensive Kontakte mit asiatischen Turkstämmen zu einem Volk von Reiterkriegern entwickelt. Ein Vorgängervolk, die Awaren, war von Karl dem Großen vernichtet worden. In dieses Machtvakuum stießen nun die Ungarn; mehr noch: Ihre überfallartigen Attacken wandten sich immer weiter nach Westen.

Im Jahr 907 stellte sich ihnen bei Preßburg ein bayerisches Heer unter Führung des Markgrafen Liutpold entgegen. Mit fatalen Folgen: Die bajuwarischen Truppen und ein Großteil des regionalen Adels wurden von den Steppenreitern aufgerieben, die ehemals bayerische Ostmark (das heutige Österreich) von den Ungarn besetzt. Die folgenden Jahre waren gekennzeichnet vom stetigen Wechsel zwischen ungarischen Überfällen, kriegerischen Scharmützeln und – von den Bayern meist im Alleingang abgeschlossenen – Neutralitätspakten, die den fremden Kriegern den unbehelligten Durchzug durch das wieder erstandene Herzogtum garantierten. Doch auch das war keine Garantie für die Menschen, nicht doch von marodierenden Steppenreitern überfallen zu werden. So griff man allerorten zur Selbsthilfe: Riesige Befestigungsanlagen, die so genannten Ungarnwälle, entstanden.

Die Bedrohung endete erst, als sich die Machtverhältnisse im ostfränkischen Reich, dem heutigen Deutschland, wieder stabilisierten: 933 besiegte König Heinrich I. (bekannt als „der Vogler") ein ungarisches Heer. Den

entscheidenden Schlag gegen die Ungarn führte jedoch Heinrichs Sohn Otto der Große. 955
kam es zur berühmten Schlacht auf dem Lech-
feld bei Augsburg. Diese Niederlage schwäch-
te die magyarische Kampfkraft entscheidend,
weitere Überfälle blieben aus, nur wenige Jahrzehnte später wurden die Ungarn christianisiert
und Teil des christlichen Abendlandes.

Die Familie des 907 getöteten Markgrafen
machte übrigens ebenfalls Karriere. Söhne und
Enkel wurden bayerische Herzöge. Dann ver-
schwand das Geschlecht im Dunkel des aus-
gehenden 10. Jahrhunderts. Oder doch nicht?
Ernsthafte Forscher haben nur wenige Zweifel,
dass die Nachfahren Liutpolds später erneut –
und diesmal für lange Zeit – die Herrschaft
über Bayern übertragen bekamen: Liutpold gilt
als Vorfahr der bayerischen Fürstendynastie
der Wittelsbacher.

Rätselhafte Verteidigungsanlagen

Die Birg bei Schäftlarn wird von einem Ungarnwall geschützt. Doch die Baugeschichte
dieser Befestigung ist, das haben Wissenschaftler mittlerweile herausgefunden, viel länger
und komplizierter als zunächst vermutet.

Wer sich der Birg von Hohenschäftlarn kommend nähert, stößt zunächst auf einen mehrere
Meter breiten und knapp zwei Meter hohen

Karolingische Kirche: So wie diese Rekonstruktion in Herrsching muss man sich das erste Gotteshaus im Isartal bei Schäftlarn vorstellen.

Wall ohne vorgelagerten Graben. Dieser Wall, so war früher vermutet worden, könnte der letzte Rest einer keltischen Wehrmauer sein, der tausend Jahre später in das frühmittelalterliche Verteidigungssystem integriert wurde. Zwar wurde die Ansicht mittlerweile widerlegt – die keltische Vorgeschichte des Berges jedoch durch neueste Funde bestätigt. Hinter dem kleinen Vorwall erstreckt sich eine etwa fünfzig Meter breite Zone von Hügeln und Mulden, der der Besucher des 20. Jahrhunderts zunächst ebenso ratlos gegenübersteht wie unser tausend Jahre älterer Bauer Perhtolt.

Des Rätsels Lösung: Die Hügel und Mulden bildeten zusammen ein raffiniert angelegtes Annäherungshindernis für berittene Krieger. Dahinter begann dann erst die eigentliche Wallanlage. Noch heute sind die Gräben bis zu fünf Meter tief; der Hauptwall erhebt sich gar zehn Meter hoch über der Grabensohle. Das gesamte Verteidigungssystem ist bis zu hundert Meter tief gestaffelt. Einer längeren Belagerung hätte die Befestigung dennoch nicht standgehalten – das wäre aber auch nicht nötig gewesen. Schnelle Überfälle waren die magyarische Methode der Kriegsführung, nicht langwierige Belagerungen. Und in der Tat wurden bislang keine Hinweise auf kriegerische Auseinandersetzungen um die Birg zutage gefördert.

Direkt nach dem Ungarnwall passiert der Besucher eine Tordurchfahrt aus zwei parallelen, knapp zehn Meter voneinander entfernten Erdwällen.

Vor den Pfeilen der Ungarn ...: Gebete und tief gestaffelte Wälle sollten vor den wilden Reiterkriegern schützen.

Für Archäologen gehörte diese Toranlage zu einer älteren, karolingischen Burg. Einen Be-

Die Birg bei Schäftlarn

leg für diese These fanden Wissenschaftler an der Nordwest- und Nordflanke der Birg. Am Rande des Plateaus verläuft hier ein an manchen Stellen noch gut sichtbarer Wall als Überrest einer früheren Mauer. Einige Meter tiefer zog sich ein Hanggraben um den Berg. Solche Befestigungselemente treten erstmals in der Karolingerzeit, also im 8. und 9. Jahrhundert auf. Diese Burg könnte durchaus eine gewisse zentralörtliche Funktion gehabt haben – als Schutz eines Isarübergangs, als Ort für Versammlungen, als Gerichtsstätte. Jedenfalls ist in Urkunden des 8. Jahrhunderts im Zusammenhang mit dem Kloster Schäftlarn (das damals noch Peipinbach hieß) auch von einer Burg bei Sceftilari die Rede, die möglicherweise der fränkischen Hochadelsfamilie der „Waltriche" gehörte.

Das Kloster Schäftlarn ist heute ein Ort des Lernens. Das Gymnasium der Benediktiner geht auf die Klosterstiftung König Ludwigs I. von Bayern im Jahr 1866 zurück. Die Schule befindet sich in den barocken Klostergebäuden von 1707. Sie ist staatlich anerkannt und wird von etwa 450 Buben und Mädchen unterschiedlicher Konfessionen besucht. Die Schule weist auf ihrer Internetseite darauf hin, dass sie zu den Vorreitern des ministeriellen Schulversuchs „Europäisches Gymnasium" gehört. Ungarisch kann man dort freilich bislang noch nicht lernen …

nach München

Buchenhain Ⓢ

Baierbrunn

Ⓢ

B11

Schäftlarn

✦

Birg

Ⓢ

Kloster Schäftlarn

1 km

Die Birg bei Schäftlarn

Besichtigungsziel: Ottonische Ungarn-Fliehburg auf karolingischen und wohl auch keltischen Resten.

Dauer: Zwei bis drei Stunden.

Anfahrt: Mit der S-Bahn (Linie 7) oder dem Auto nach Hohenschäftlarn südlich von München.

Wegbeschreibung: In Hohenschäftlarn folgt man dem Birgweg bis zum letzten Haus; die Straße setzt sich in einem Pfad über die Wiese fort; am Waldrand trifft man auf einen Querweg und folgt diesem nach links. Dieser Weg führt direkt zu den Wallanlagen der Birg. Kurz vor den Wällen führt ein kleiner Abstecher zu einem linker Hand etwas tiefer gelegenen Parkplatz beim Hohenschäftlarner Wertstoffhof; dort findet man eine historische Informationstafel und Wegweiser zur Birg. Nach der Besichtigung der Burganlage steigt man auf einem der zahlreichen Wege hinab ins Isartal und folgt dem Uferweg flussabwärts bis Buchenhain (S-Bahn-Station).

Besonderheiten: Festes Schuhwerk nötig; Wanderung ist für Ausdauernde mit Tour 11 (Grünwald) zu einem strammen Tagesausflug entlang der Isar kombinierbar.